죽음의 격차

죽음의 격차

초판 발행 2019년 3월 8일
2쇄 발행 2021년 5월 21일

지은이 니시오 하지메
옮긴이 송소영

펴낸이 이성용
책임편집 박의성　**책디자인** 책돼지

펴낸곳 빈티지하우스
주　소 서울시 마포구 성산로 154 407호
전　화 02-355-2696　**팩　스** 02-6442-2696
이메일 vintagehouse_book@naver.com
등　록 제 2017-000161호 (2017년 6월 15일)

ISBN 979-11-89249-13-7 03300

- 이 책 내용의 전부 또는 일부를 사용하려면 반드시 저작권자와 빈티지하우스의 서면동의를 받아야 합니다.
- 빈티지하우스는 독자 여러분의 투고를 기다리고 있습니다. 책으로 펴내고 싶은
  원고나 제안을 이메일(vintagehouse_book@naver.com)으로 보내주세요.
- 파손된 책은 구입하신 서점에서 교환해 드리며 책값은 뒤표지에 있습니다.

죽음의 격차

빈티지하우스
VINTAGE HOUSE

죽음이란 우리에게 등을 돌린,

빛이 비치치 않는 우리 생의 다른 한 면이다.

Der Tod ist die uns abgekehrte, von uns unbeschienene Seite des Lebens.

라이너 마리아 릴케

여성의 주검을 둘러싼 의문

'법의학'이라는 단어를 들었을 때, 보통 어떤 이미지가 떠오를까?

어쩌면 형사물의 한 장면이 떠오를지도 모른다. 시신을 부검하고 형사들과 사건의 진상을 추리하는 이미지 말이다.

하지만 실제 우리 법의학자가 밝혀내는 것은 '사건의 진상'이 아니다. 우리는 어디까지나 "죽음의 진상"을 밝힌다. 다시 말해, 이 사람이 왜 죽었는지를 규명하는 것이 우리 일이다. 본문을 통해 차차 설명하겠지만, 법의학은 사건에 휘말린 죽음만이 아닌 여러 형태의 죽음을 다룬다.

대략 3년 전쯤 있었던 일이다. 40대 여성이 자택에서 사망한 채로 발견되어 법의학 교실로 실려왔다.

여성의 집은 저소득층이 사는 시영 주택 2층이었다. 무직 상태로 모친과 함께 살던 여성에게 특별한 병력은 없었다. 그날 아침만 해도 평소와 다를 바 없는 모습이었는데, 모친이 외출에서 돌아왔을 때, 여성은 이미 싸늘히 식어 있었다. 집은 전부 안에서 잠겨 있었고, 제삼자가 침입한 흔적도 없었다고 했다.

경찰은 '사건성이 없다'고 판단했지만 죽음의 원인, 즉 사인(死因)을 찾지 못해 우리에게 부검을 의뢰해왔다.

여성은 40대치고는 꽤 나이가 들어 보였다. 흰머리가 섞인 머리카락은 다듬어지지 않은 채 그대로 길게 자라 있었고, '마른 체형'보다는 '야윈 체형'이라는 표현이 어울리는 인상이었다.

나는 부검실에 들어가면 언제나 주검의 표면 관찰부터 시작한다.

여성은 머리 왼쪽 부분, 왼쪽 어깨 외측, 그리고 왼쪽 허리 부근에 검붉은 타박상이 있었다. 특히 왼쪽 허리 타박상은 부위가 상당히 컸다. 집 안에서 넘어진 정도로 생길 멍이 아니었다.

'집 안에서 허리를 이렇게 세게 부딪칠 일이 있을까⋯⋯.'

여러 의문을 머릿속으로 정리한 후 부검을 시작했다.

여성의 복부를 메스로 절개한 순간, 함께 부검하던 동료와 눈이 마주쳤다. 동료도 같은 생각인 듯했다. 복강(腹腔, 배 안) 아래쪽의 골반강(骨盤腔, 골반부)에 대량의 출혈이 보였다. 다음으로 가슴을 열자, 놀랍게도 여성의 폐는 좌우 모두 새하얗게 변해 있었다.

살면서 누구나 한 번쯤은 신체 장기 사진을 볼 기회가 있었을 것이다. 원래 폐, 심장, 간과 같은 장기는 모두 붉은색이다. 붉은색은 장기에 흐르는 혈액의 색이다. 장기가 새하얗게 변했다는 것은 혈액이 흘러들어오지 못했다는 것을 의미한다.

경찰의 현장 검증으로는 집 안에 출혈 흔적은 없었다고 했다. 터진 혈관에서 쏟아진 대량의 혈액이 몸 안에 고인 것이다. 골반강에 퍼져 있는 혈액이 그 증거다.

골반강을 세세히 조사해서 골반을 구성하는 뼈가 부러진 흔적을 찾았다. 그곳에서 출혈이 생겨 주위 조직과 근육으로 퍼져나간 것이다.

'골반 골절에 따른 출혈성 쇼크'

이것이 "일단" 여성에게 내린 사망 원인이다.

하지만 여기까지만 봐서는 여성이 왜 "쇼크사"에 이를 정도의 다량 출혈을 했는지 원인은 아직 모른다.

결론부터 말하자면 여성의 출혈은 교통사고 때문이었다.

눈에 띄는 상처는 아니었지만, 오른쪽 무릎 외측에 타박의 흔적이 한 군데 있었다. 이 흔적을 본 순간 답이 나왔다.

여성은 머리, 어깨, 허리에 뚜렷한 타박상이 있었다. 처음 봤을 때는 이 타박상들이 왼쪽에만 있다는 사실에 별 의미를 두지 않았다. 그런데 몸 우측에는 오른쪽 무릎 외측 한 군데만 타박의 흔적이 있었다. 이것이 중요했다.

여성은 아마 보행 중에 자신의 오른쪽에서 달려오던 자동차와 충돌한 것 같다. 오른쪽 무릎의 타박상은 자동차 범퍼에 부딪혔을 때 생긴 상처다. 부딪힌 후 왼쪽으로 나가떨어지면서 땅바닥에 왼쪽 허리를 강하게 부딪쳐 골반 골절이 생겼다.

'좌측 허리 타박에 의한 골반 골절에 따른 출혈성 쇼크'

이것이 여성의 최종 사망 원인이다.

여기까지 해결해도 의문은 여전히 남는다. 교통사고를 당했는데 왜 자신의 집에서 사망했을까?

부검 후 경찰 조사로 해당 교통사고를 바로 찾았다. 뺑소니 사건은 아니었다. 사고를 낸 운전자는 경찰에 사고신고를 제대로 한 상태였다. 사고 직후 병원에 데려가려고 했지만, 거절한 것은 여성이었다. 여성은 집까지만 데려다 달라고 했고, 운전자는 2층까지 데려다줬다.

　교통사고를 낸 남성은 주차장에서 집까지 여성을 업고 갔다고 했다. 극심한 통증으로 혼자 걷기 힘든 상태인데도 어째서 병원을 거부했을까?

　여성은 당일 모친이 외출한 후 가까운 슈퍼마켓에서 술을 사오던 길에 사고를 당했다.

　모친은 술을 심하게 마시는 딸에게 적어도 혼자서는 절대 술을 마시지 않도록 단단히 약속을 받았다고 한다. 술 사러 갔던 사실을 모친에게 알리기 싫어 병원을 거부한 것으로 보인다.

　골반 골절의 출혈은 서서히 진행된다. 아마 집으로 돌아간 시점에서는 아직 여성의 의식도 뚜렷했을 것이다. 하지만 출혈이 계속 진행되면서 의식이 점차 멀어지고 결국에는 숨이 끊어졌다.

　여성은 몇 년 전 알코올의존증 때문에 이혼을 했다고 한다. 여성은 술로 인해 인생을 두 번 그르쳤다.

　법의학이 사회의 주목을 받는다면 그건 대체로 '바람직하지 못한 일'이 일어났을 때다. 범죄 피해, 자살, 고독사처럼 "평범하지 않은" 상황에서 목숨을 잃은 사람들을 마주하는 것이 법의학자의 일이다.

우리는 임상의처럼 병을 고쳐 환자와 가족에게 감사 인사를 받는 일이 없다. 의학의 여러 분야 중에서 법의학은 음지에 속한 분야라는 점은 자각하고 있다.

하지만 빛을 받지 못하는 음지라서 보이는 것도 있다.

나는 20년 동안 매일 묵묵히 진지하게 부검을 해왔다. 하나하나의 주검을 통해 이 땅에 사는 사람들의 침묵 속 고통과 슬픔을 마주해왔다. 이제부터 그동안 마주한 주검을 통해 본 '격차'에 대해 전하려 한다.

이 책에서는 실제 경험에 근거한 거짓 없는 이야기를 소개할 예정이다. 다만, 법의학자는 경찰로부터 촉탁을 받아 부검을 하는 입장이라 기본적으로 부검 내용을 공개할 수 없다. 또한, 부검을 받은 개인의 신원이 밝혀지면 유족이 불이익을 입을 가능성도 있다. 그래서 직접 부검한 건에 한해 나이와 부검 내용 등 문제가 없는 범위에서 일부분만 각색해 이야기를 엮었다.

더불어 이 책에 소개한 내용은 어디까지나 내가 근무한 법의학 교실에서 진행한 부검 사례와 그에 대한 데이터다. 다른 지역은 각각 사정이 다를 것이다. 이 책의 이야기가 한정된 지역의 사례와 데이터라는 점을 염두에 두고 읽길 미리 양해를 구한다.

목차

일러두기

1. 부검 관련 용어

부검 용어는 다음의 책을 주로 참고했습니다.

한국 경찰청 《알기 쉬운 법의·부검 용어집》 2003년, 한국경찰청

법의학교과서 편찬위원회 《법의학 2판》 2018년, 정문각

한국과 일본의 부검 제도와 체계가 달라 비슷한 의미이지만 사용하는 용어가 다를 때는 한국 용어로 대체했습니다. 일본에만 있는 용어는 일본어 그대로 사용했습니다.

1) 한국의 법의학자와 일본의 법의 부검의

일본의 경우 대학에서 부검을 하는 교수는 원문 그대로 번역하면 '법의 부검의'입니다. 한국의 경우 대학에 적을 두면 법의학자, 국과수에 적을 두면 법의관이라고 합니다. 이 책의 저자는 대학 법의학 교실 교수라 주로 법의학자로 번역했습니다.

2) 한국의 부검감정서와 일본의 사체검안서

부검(해부)한 후 발행하는 서류는 양국의 이름이 다르고, 조직에 따라서도 약간의 차이가 있습니다. 이 책에서는 한국의 실정에 맞춰 사체검안서가 아닌 부검감정서로 번역했습니다.

	한국	일본
의사	사망진단서 시체검안서	사망진단서
검안의사(경찰의)	시체검안서	사망진단서
국과수 법의관	부검감정서	–
법의학자(법의 부검의)	부검감정서	사체검안서

3) 한국의 부검과 일본의 해부

일본에서는 '해부'라는 단어를 사용하지만 한국에서는 주로 부검이라는 단어를 사용합니다. 부검은 해부를 포함하는 용어로 더 넓은 의미로 사용하기 때문에 '부검'으로 번역했습니다. 내용 중 부검 안에 포함된 '해부'라는 의미가 강한 경우 '해부'를 사용했습니다.

2. 역자주

역자가 책의 이해를 위해 필요한 내용이라고 판단한 정보는 '(-역자주)'의 형식으로 표시했습니다. 역자주에는 내용에 따라 한국의 상황과 정보, 그 외에 누락된 정보, 특별한 의역의 이유 등을 설명할 때 넣었습니다.

1

가난과 죽음

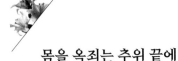

몸을 옥죄는 추위 끝에

　어느 해 2월, 전날 내린 눈 탓인지 그날따라 추위가 뼛속까지 파고 들었다. 법의학 교실에는 언제나처럼 경찰에서 시신이 실려왔다.

　사망한 남성의 추정 나이는 50대이며, 자택 화장실 앞에서 엎드려 사망한 채로 발견되었다.

　경찰에서 검시(檢屍)는 했지만, 사인이 밝혀지지 않아 우리 쪽으로 부검 의뢰가 들어왔다.

　대기실에서 옷을 갈아입고 부검실 문을 열자, 담당 경찰과 법의학 교실 스태프가 묵묵히 준비 중이다. 부검실은 창문이 없고 벽은 흰색 타일로 되어 있다. 중앙에는 묵직한 광택의 스테인리스 부검대가 있고, 그 위에 이미 남성의 시신이 놓여 있었다.

눈앞에는 심장의 고동이 멈춘 육체.

나에겐 대략 20년 동안 거의 매일 보는 "일상적 장면"이다.

부검실로 한 걸음 들어서면, 우선 부검대의 시신을 멀리서 바라본다. 나는 이것을 부검의 첫 순서로 정해놓고 있다. 몸 어느 부분에 상처를 입었는지, 얼굴의 울혈(鬱血) 상태는 어느 정도인지를 살핀다. 감각적인 파악은 멀리서 바라봐야만 가능하다. 막상 부검을 시작하면 아무래도 눈앞의 세세한 부위에 집중하기 마련이라 전체의 인상이 옅어진다. 그러면 자신도 모르게 누락이나 착각의 위험성이 생긴다.

전신을 살핀 후, 외표(外表, 시신 표면)를 구석구석 빠짐없이 관찰한다. 법의학에서는 부검을 시행할 때 눈에 띄는 외상과 색깔 변화가 어느 부위에 어느 정도 크기로 몇 군데 있는지와 같은 외표에서 얻는 정보가 최종적으로 사망 원인을 특정하는 중요 단서가 되는 일이 적지 않다. 칼날에 찔린 흔적이 있다면 상처의 폭과 깊이가 흉기와 일치하는지가 범인 체포에 결정적인 단서가 되기도 한다.

이번에도 부검실에 들어서자마자 바로 외표의 "사인(sign)"이 눈에 들어왔다. 팔꿈치와 무릎처럼 큰 관절에 붉은 반점이 여러 군데에 걸쳐 보였다.

색깔 상태와 위치를 확인하면서 내 머릿속에는 바로 '동사(凍死, 저체온사)'라는 단어가 떠올랐다.

하지만 이 단계에서 아직 "진단"을 내리지는 않는다.

외표를 전부 확인한 후에야 주검에 메스를 대기 시작한다. 피하조직(피부의 진피 하부에 있는 결합조직. 주로 지방세포로 만들어지고 혈관과 신경이 지나간다)을 조심스럽게 절개하고 뇌, 폐, 심장, 위, 간, 위장 등 정해진 순서대로 각 장기의 부검을 진행한다.

이 남성 체내의 "이변"은 심장에서 흘러나오는 혈액과 심장으로 돌아오는 혈액 색깔의 차이다. 잘라낸 심장의 좌측과 우측의 혈액 색깔이 확연히 달랐다. 좌측 혈액이 확실히 더 선명하고 맑은 빨강이었다.

이 소견은 동사한 시신에서 나타나는 가장 뚜렷한 특징이다.

약간 전문적인 설명이지만, 원래 혈액의 붉은색은 적혈구 속에 있는 헤모글로빈이라는 단백질과 산소가 결합하면서 만들어진다. 산소가 많이 결합하면 좀 더 선명하고 맑은 선홍색이 되고, 산소가 적으면 검은빛이 도는 암적색으로 변한다.

호흡으로 폐에 들어온 산소는 그곳에서 혈액의 헤모글로빈과 결합해서 심장의 좌측(좌심방)으로 들어와 좌심실을 거쳐 동맥혈을 타고 전신으로 운반된다. 산소를 소비한 혈액은 이번에는 정맥혈을 타고 심장의 우측(우심방)으로 돌아온다. 심장 좌측 혈액이 산소 농도가 높기 때문에 우측 혈액보다 더 선명하고 맑은 선홍색을 띠는 것이다. 하지만 일부러 실린더에 담아 살피는 것이 아니라면 혈액의 색깔 차이는 육안으로 구분이 쉽지 않다.

혈액 색깔은 헤모글로빈과 산소의 '결합력'에 따라 변하기도 한다. 헤모글로빈은 온도가 낮을수록 산소와 결합력이 높아지는 화학적 성질이 있다. 저온의 공기가 폐로 들어오면 헤모글로빈과 산소의 결합력이 평소보다 높아진다. 만일 계속되는 체온 저하로 사망할 경우 동맥혈은 좀 더 선명한 선홍색이 되며, 그 차이는 육안으로도 확인이 가능한 정도다.

부검 후, 이 남성의 사망 원인은 '동사'로 진단했다.

집 안에서 동사하는 사람들

일반적으로 체온이 떨어져 사망했다고 하면 눈 쌓인 산중에서 발이 묶여 얼음처럼 차갑게 식어가는 모습이 떠오른다. 먹을 것이 떨어지고 추위에 체온을 빼앗겨 움직일 수 없게 되어 죽어가는 상황. 지금까지 수많은 등산가들이 이런 상황에 빠져 죽음을 맞았다.

하지만 남성은 어쩌다 주택가에 있는 자신의 집에서 동사했을까?

법의학 현장에 있다 보면 '도시의 일상 공간에서 발생하는 동사'는 결코 진기한 죽음이 아니라는 것을 실감한다.

내가 속한 법의학 교실에서는 1년 동안 약 300건의 부검을 하는데, 그중 10건 정도가 동사다. 그중에는 영양 상태가 형편없고 바싹 마른 사람이 더러 있다.

이 남성은 일하던 회사의 구조조정으로 몇 년 전 직장을 잃었다. 아내도 떠나고 줄곧 혼자 살았으며 일도 안 했다. 결국에는 월세도 밀리기 시작했다. 월세가 몇 달 연속으로 밀리고 연락도 되지 않자 걱정이 된 집주인의 신고로 발견되었다. 사망 당시 남성의 집은 가스, 전기, 수도까지 전부 끊기고, 집 안에는 먹을 것도 돈도 거의 없었다고 한다.

경찰은 사망한 남성이 몸이 불편한 곳도 지병도 없었다고 전했다. 남성의 거주지를 포함한 우리 법의학 교실의 부검 대상 지역은 폭설이 쌓이는 한랭 지역도 아니다. 아무리 추운 겨울이라도 가진 옷을 전부 껴입고 이불을 둘러싸고 있으면 얼어 죽을 일은 없다고 생각할지도 모른다.

하지만 인간은 조건만 갖춰지면 설사 그곳이 집안이더라도 동사한다. 인간의 체온은 통상 37℃ 전후를 유지한다. 하지만 체온이 어떤 이유로 28℃ 정도까지 내려가면(때로는 이 정도까지 내려가기 전에) 심장에 부정맥이 발생해 사망한다.

인간은 주위 온도가 체온보다 낮으면 체내의 에너지를 소비해 열 발생을 일으킨다. 스스로 생존에 필요한 체온을 유지하려는 것이다. 그런데 에너지원이 되는 충분한 영양을 섭취하지 못하면 열 발생이 부족해진다. 열 발생이 몸의 열 발산을 따라가지 못하면 체온은 서서히 낮아진다. 실제로 부검한 남성의 위와 장은 깨끗할 정도로 텅 비어 있었다. 소지한 돈이 없었다는 것으로 미뤄볼 때 한동안 만족할만한 식사를 못 한 것 같다.

나는 이 남성과 같은 "빈곤에 의한 동사" 사례를 수없이 봐왔다. 돈이 없어 제대로 먹지 못하면 체력과 면역력이 서서히 떨어진다. 이럴 때는 가진 옷을 모두 입고 이불을 둘러싸고 있어도 체온이 떨어져 사망한다.

신기하게도 동사한 주검은 종종 옷을 벗은 상태로 발견된다. 이 남성도 한겨울에 속옷 차림으로 발견되었다. 법의학에서는 이것을 '이상 탈의'라고 한다. 아무래도 인간은 동사 직전 "더위"를 느끼는 모양이다. 가끔은 눈 덮인 산속에서 조난당해 동사한 사람조차 옷을 벗어 던진 채 상당히 얇은 옷차림으로 발견된다고 한다. 1977년에 개봉한 〈핫코다산(八甲田山)〉이라는 영화에는 군인이 동사 직전 옷을 벗는 장면이 나온다. 인간의 뇌에는 체온 조절 중추가 있는데, 동사에 이르는 과정에서 그곳에 어떤 이상이 일어난다고 한다.

체온 조절이라는 생명 유지 장치의 오작동으로 발생하는 현상을 '모순 탈의'라고도 한다. 실제로는 참을 수 없을 만큼 추운데 왠지 더워서 견디질 못한다. 그래서 겨우 남아 있는 방한 수단을 스스로 내던져 체온 저하를 앞당긴다.

과거에 연립주택의 마루 밑 좁은 공간에서 동사한 채로 발견된 주검을 부검한 적도 있다. 빚을 독촉하는 대부업체로부터 몸을 숨기려고 마루 밑 좁은 공간에서 숨죽인 채 생활했다고 한다. 그 또한 좁고 어두운 공간에서 조용히 차게 식어버렸다.

주택가에 있는 집 안에서 굶주린 배를 끌어안고 홀로 사람이 얼어 죽는다. 이것이 지금 이곳에서 일어나는 현실이다.

생활보호 수급자와 죽음

　현재 일본에는 몸과 마음의 건강을 잃거나 구조조정으로 직장을 잃는 등 약간의 상황 변화로 현재의 생활이 박탈당할지 모른다는 공포를 안고 사는 사람이 많다.

　실제로 우리 법의학 교실에는 작은 좌절을 계기로 빈곤에 빠진 시신이 수없이 실려왔다. 앞에서 동사한 남성처럼 수중에 돈이 거의 없어 위와 장이 텅 비어 있고 며칠씩 제대로 씻지도 못한 것 같은 시신도 드물지 않다.

　그중에서도 최근 몇 년간 개인적으로 주목해서 살피는 사안이 있다. 부검 의뢰가 들어온 주검의 생활 상황을 기록하다 보면, 생전에 '생활보호 제도'의 대상자였던 사람이 늘고 있다.

2016년 4월에 후생노동성이 발표한 생활보호 피보험자 조사(2016년 1월분)에 의하면 일본의 생활보호율(생활보호 중지 중인 사람을 포함한 피보험 실제 인원 비율)은 1.71%로, 일본 국민 100명 중 2명 조금 안 되는 인원이 생활보호 피보험자다.

내가 적을 둔 효고의과대학 법의학 교실이 담당하는 구역에는 효고현 아마가사키가 포함되어 있다. 아마가사키의 생활보호율은 전국 평균의 2배 이상이다. 이 시의 생활곤궁자 자립 지원 담당이 2015년 8월 '시장 정례 기자회견 자료'에 발표한 인구 20만 이상의 중핵시(中核市)별 생활보호율로 보면 아마가사키는 하코다테(4.64%), 히가시오사카(4.09%)에 이어 4.07%다. 시민 100명 중 4명 정도가 생활보호를 받는다는 계산이다.

우리 법의학 교실의 2016년 1월부터 8월까지 부검 건수는 전부 117건이다. 그중 생활보호 수급자는 25건으로 전체의 21.4%에 이른다. 다시 말해, 부검 대상의 5명 중 1명은 생활보호 피보험자였다는 것이다. 이 숫자는 신원 미상자가 포함된 숫자이므로 신원 미상자 중에 포함되었을 피보험자를 고려하면 실제 비율은 더 높아질 것이다.

이는 어디까지나 우리 법의학 교실에 한정된 조사이긴 하다. 하지만 전국 생활보호율이 1.71%인데 부검 대상의 20% 이상이 생활보호 수급자라는 점은 상당히 높은 비율로 빈곤에 빠진 사람이 부검대에 오르고 있다는 것을 시사한다. 이런 상황은 정상이 아니다.

솔직하게 말하자면 나는 지금까지 부검한 시신과 생활보호 수급의 관련성에 대해 거의 의식하지 못했다. 우리에게는 나이와 성별, 생전의 생활 상태 등이 천차만별인 시신이 매일 실려온다. 법의학에서 행하는 부검의 중요한 역할 하나는 그들의 사인을 밝히는 것이다. 개개인이 안고 있는 경제 상황에까지 눈을 돌린다는 감각이 없었다.

하지만 막상 이렇게 되짚어보니 내가 부검대에서 매일 대면하는 사람은 병원에서 가족이 지켜보는 가운데 숨을 거두는 "평온한 죽음"을 맞이하지 못한 사람들이다. 법의학 용어로 표현하자면 '변사(變死)'한 사람이다. 확실하게 '병사'로 진단하기 어려운 죽음을 맞이한 사람이 법의학 교실로 온다.

역설적이지만 부검 현장에서는 '이변=예상하지 못한 괴이한 상황'이 곧 보통 상황이다. 그러다 보니 그들이 안고 있는 본질적인 문제, 그것이 때로는 경제적인 이유에 기인한다는 점에 둔감했었다는 생각을 최근 들어 하게 되었다.

생활보호 수급자 중 84%는 혼자 산다. 오랜 기간 연락이 닿지 않아 공무원이나 사회복지사가 집을 방문했을 때 자택에서 사망한 상태로 발견되는 사례가 많다.

최근 일부에서 생활보호 수급자에 대해 '일할 수 있으면서 일하지 않고 편하게 지낼 생각만 한다'는 비판과 원성이 강하게 일고 있다.

하지만 부검대에서 보는 한, 이런 주장은 현실을 제대로 파악하지 못한 의견으로 느껴진다. 죽음에 이를 정도의 공복. 그럼에도 누구에게도 도움을 청하지 못하는 고독. 그렇게 죽음을 맞는 사람이 확실히 존재하니 말이다.

끊기엔 너무 가까운 알코올

생활보호 수급자의 시신을 부검해보면 알코올의존증으로 보이는 사람이 많다. 그들은 매일 대량의 음주를 지속한 결과 간경화나 간부전 같은 병을 얻어 죽음에 이른다.

겨울 문턱인데도 봄날처럼 따스했던 어느 날 우리에게 실려온 남성의 시신도 상당히 오래전부터 알코올의존증이었다고 담당 경찰관이 알려줬다. 국가에서 지원받은 돈을 술 마시는 데 거의 썼다고 한다. 혼자 살던 자택에서 피를 토하고 사망한 그를 발견한 사람은 사회복지사였다.

배를 절개했을 때 남성의 위장에 있던 것은 음식이 아닌 1,000cc 정도의 혈액이었다. 직접적인 사인은 '출혈성 쇼크'. 식도에 흐르는 혈관(정맥)이 파열된 출혈이다. 발견 현장에 있던 토혈도 아마 파열 당시의 출혈이라 생각한다.

일반적인 알코올 섭취로는 혈관이 파열되진 않는다. 이 남성은 알코올 과다 섭취로 간경화가 일어나 문제가 되었다. 간이 처리할 수 있는 양 이상의 알코올 성분이 흘러들어가면 간 기능에 장애가 생긴다. 이것이 만성화되면 간세포의 사멸과 감소가 진행되어 간이 섬유화한다. 그 결과 간이 딱딱해지고 기능이 현저히 떨어져 생기는 질환이 간경화다.

남성의 간도 혈액이 들어가지 못할 정도로 딱딱해져 있었다. 이렇게 되면 갈 곳을 잃은 혈액은 식도 점막 밑으로 흐르는 정맥으로 역류한다. 식도 혈관은 역류한 혈액으로 부풀어 오르다가 자극이 가해지면 결국에는 파열한다.

간은 약간 특수한 장기다. 위장에서 영양분을 흡수한 혈액은 거의 모두 간으로 흘러들어간다. 만일 문제가 생겨 혈액이 간으로 흘러들어오지 못하면 갈 곳을 잃은 혈액은 식도 점막 등의 혈관으로 우회한다. 그로 인해 정맥류(정맥이 부풀어 혹처럼 울퉁불퉁하게 돌출한 상태)가 생기며, 이것이 죽음으로 이어지는 출혈의 원인이다.

부검실에 들어와 외피를 확인했을 때, 남성의 배꼽 주변에는 지렁이 모양으로 울퉁불퉁 부풀어 오른 흔적이 폭넓게 있었다. 배꼽 주변 피부밑에 정맥류가 생기면 이렇게 된다.

보통은 간 기능 장애가 생긴 시점에 몸에는 발열과 권태감 같은 이상 현상이 생긴다. 간경화로까지 진행되면 만성적 피로가 몸 전체를 덮친다. 남성도 분명 생활을 제대로 못 할 정도로 몸 상태가 나빴을 것이다.

몸은 위험신호를 충분히 보냈을 것이며, 원래라면 이때 병원 처방을 받아야만 한다.

남성은 생활보호 대상자라서 진찰비, 치료비, 약값은 원칙적으로 무료다. 하지만 간경화의 피로 증상은 병원에 치료받으러 가는 것조차 지치고 귀찮게 만든다. 이것이 알코올의존증의 진짜 무서운 점일지도 모른다.

병원에만 갔더라도

　최근에는 생활보호 대상자는 아니지만, 겨우 입에 풀칠할 정도의 경제 상태로 지내는 빈곤층도 늘었다. 하루하루 식비 마련도 빠듯한 사람은 몸이 약간 아픈 정도로는 병원 가길 망설인다. 그 결과 진찰을 받을 즈음에는 생명에 위협이 될 정도로 악화한 상태라는 가슴 아픈 이야기도 듣는다.

　법의학 현장에 있으면 진료 한 번 받아보지 못하고 죽음을 맞은 사람을 만나게 된다.

　50대 남성이 어느 날 갑자기 직장에 출근하지 않았다. 그는 주위 사람들에게 최근 몸 상태가 안 좋다고 호소했었다. 동료가 걱정되어 집에 방문해보니, 남성은 거실에 쓰러져 사망해 있었다.

경찰의 검시로는 사인이 밝혀지지 않아 바로 부검 의뢰가 들어왔다.

우리가 남성을 부검해보니 대장에 커다란 진행암이 보였다.

대장은 주로 수분을 흡수하는 장기다. 만일 전부를 잘라내더라도 인간은 살아갈 수 있다(다만 전부 잘라내면 대변은 물처럼 나온다).

그런데 이 남성은 전혀 치료를 받지 않고 내버려둔 탓에 암이 대장을 꽉 채울 정도로 커졌다. 대장 내측이 암으로 완전히 막혀버리면 배출물이 나가지 못해 계속 쌓인다. 실제로 부검해보니 대장과 연결된 소장은 대장으로 나가지 못한 내용물로 **빵빵**하게 부풀어 올라 있었다. 몸 상태가 아주 나빴을 것이다.

치료만 받았다면 발생하지 않았을 이 죽음의 직접적 사인은 '장폐색'이다. 만일 좀 더 빨리 대장암 수술을 받았다면 장폐색은 일어나지 않고 생활에 지장 없이 살 수 있었다.

장이 부풀어 오를 정도로 꽉 차 있었기 때문에 구토와 같은 심한 증상으로 본인도 병원에 가야 한다고 느꼈을 것이다. 하지만 경찰 조사에 의하면 병원에 갔던 기록은 없었다.

단순히 '병원이 싫다'는 이유로 진찰을 받지 않는 사람도 있다. 이 남성도 그런 사람일지 모른다. 하지만 병원에 가고 싶어도 돈이 없어 아픔을 참아가며 사망에 이르는 사람이 확실히 존재하기 때문에 문제는 그렇게 단순하지만은 않다.

그냥 두면 '죽음'을 향해가는 병

법의학에 몸담은 내가 걱정하는 빈곤과 관련된 병이 하나 더 있다. 바로 '당뇨병'이다.

세계보건기구(WHO)의 발표에 의하면 1980년 1억 800만 명이었던 전 세계 당뇨병 환자 수는 2014년 4억 2,200만 명으로 약 3.9배나 늘었다. 동시에 당뇨병 유병자의 약 4분의 3은 저·중소득 국가에 집중되어 있다(국제당뇨병연합 〈당뇨병 아틀라스〉 제7판 참조)는 데이터도 있다. 빈곤과 당뇨병의 관계성도 마찬가지로 최근 이목을 모으고 있다.

옛날에는 당뇨병을 '사치병'이라 부르며, 매일같이 호화로운 식생활을 하면 걸린다고 여겼다. 하지만 컵라면과 인스턴트 식품 등 정크

푸드의 보급으로 지금은 "저소득층의 병"으로 인식하기 시작했다.

당뇨병이란 혈액 중의 당분을 세포 내로 흡수해서 혈당을 낮추는 호르몬(인슐린)의 분비가 정상을 유지하지 못해 혈당치가 높아진 상태를 말한다. 한 번 발병하면 장기간에 걸친 관리와 치료가 필요하다. 때에 따라서는 일상적으로 인슐린 주사를 맞아 포도당의 흡수를 촉진해가면서 열량 제한을 계속 해야만 한다.

이런 인슐린 요법을 시작하면, 치료 내용과 처방받은 약에 따라 의료비의 폭이 다르긴 하지만, 대략적인 시세로 한 달에 약 1만 엔 이상의 자기 부담금이 든다(생활보호 대상자라면 의료 혜택을 받는다). 단, 이것은 어디까지나 건강보험에 가입했을 때의 경우이며, 경제적 어려움으로 보험료 납부를 못 하는 사람도 드물지 않은 상황에서 당뇨병에 드는 돈은 절대 적지 않다.

당뇨병은 진단을 받아도 초기에는 자각 증상이 없다 보니 치료를 자꾸 미루는 사람이 생각보다 많은 것이 문제다.

그 결과 혈당치가 높아진 상태가 계속되면 혈관과 신경이 손상되어 '당뇨병성 말초신경병증', '당뇨병성 망막증', '당뇨병성 신증'과 같은 합병증이 생긴다. 그리고 동맥경화가 진행되어 심근경색을 일으키기도 한다. 당뇨병을 얕잡아보고 내버려두면 돌연사의 위험성을 염려하며 살아가게 될지도 모른다.

과거에 한 번, 당뇨병은 아니었지만 10년 동안 컵라면만 먹었다는 50대 남성(무직)의 시신을 부검한 경험이 있다. 치우친 식생활의 결과는 부검 소견에 확실히 나타났다.

　남성의 사망 원인은 간부전. 부검을 해보니 붉은색이어야 할 간은 전체가 희멀건 한 노란색으로 완전한 지방간이었다. 그야말로 지방간으로 인한 간부전이다.

　남성은 정사원으로 취직을 못 해 일용직 노동으로 겨우 먹고사는 상황이었다. 남성은 적은 식비로 가장 배불리 먹을 수 있는 음식, 바로 컵라면을 주식으로 선택했다. 하루 벌어 하루 먹는 형편에 어쩔 수 없었겠지만, 그것만으로는 당연히 몸에 필요한 균형 잡힌 영양은 공급해주지 못한다.

　식생활이 수입과 직결되는 것은 부검 현장에서도 통감한다. 당뇨병이나 지방간 같은 병에 걸린 사람이 어떤 식생활을 해왔는지 몸 안에 전부 흔적이 되어 증명처럼 남아 있다.

노숙자의 죽음

우리 법의학 교실에 노숙자, 일반적으로 홈리스라 불리는 사람의 시신이 실려올 때가 있다. 우리 부검 대상 구역에는 비교적 큰 강이 흐르고 있는데, 실려온 노숙자의 주검은 대부분 그 강의 하천 부지에서 비닐 천막을 치고 사는 사람들이다.

법의학 관점에서 말하자면 그들의 사망 원인은 제각각이며, 노숙자에게만 보이는 특징적인 병이 있는지에 대한 검토를 한 적은 없다.

하지만 지금까지의 경험에 의하면 그들은 모두 '혼자' 살았다. 적어도 숨을 거둘 당시에는 파란색 천막 안에서 함께 생활하던 사람은 없었다는 소리다.

혼자 살다 보니 사망해도 바로 발견되지 못한다. 대부분은 사망 후 몇 주에서 몇 개월이 지난 후에야 발견된다. 그중에는 외부 공기에 계속 노출되어 미라가 되어버렸거나, 들개가 잔혹하게 훼손한 시신도 있다. 때로는 개미와 바퀴벌레, 여름에는 구더기 같은 벌레들에게 손상을 입는다. 특히 여름에 시신이 야외에 방치되면 파리가 심어놓은 구더기가 전부 먹어치워 사후 1개월이면 거의 백골이 되어버린다.

미라화 또는 백골화한 시신은 내장이 없어 부검을 해도 사인을 찾기가 아주 힘들다. 그럼에도 남은 뼈, 치아, 손톱 등으로 성별, 키, 골절 여부 등 꽤 여러 가지를 확인한다.

약간 전문적인 이야기가 되겠지만, 우선 법의학 교실에서 행해지는 부검(법의 부검)의 종류에 대해 설명하려 한다. 법의학에서 진행하는 부검에는 현재 크게 나눠서 4종류가 있다.

① 사법 부검
범죄에 의한 주검 혹은 그 의혹이 있는 주검에 대해 범죄 조사를 목적으로 하는 부검. 형사소송법에 의거한다. 부검에는 강제력이 있으며, 부검 시행에 유족의 승낙은 필요로 하지 않는다.

② 조사법 부검
신원 미상의 주검이나 범죄에 관련되지 않은 주검의 범죄 미발견 방

지를 목적으로 한다. 사인·신원조사법에 의거한다. 기본적으로 유족의 승낙은 필요로 하지 않는다.

③ 감찰의 부검

감찰의(監察医) 제도 실시 구역(도쿄도 23구, 오사카, 고베와 같이 일본의 한정된 지역)에서 범죄에 관련되지 않은 주검의 사망 원인 구명을 목적으로 한다. 감찰 조직에서 행한다(대학의 법의학 교실에서 행하지 않아서 이 책에서는 다루지 않았다). 사체해부보존법에 의거한다. 기본적으로는 유족의 승낙은 필요로 하지 않는다.

④ 승낙 부검

감찰의 제도 시행 구역 이외에서 범죄에 관련되지 않은 주검의 사망 원인 구명을 목적으로 유족의 승낙을 받아 행한다. 전국의 대학 법의학 교실이 담당한다. 사체해부보존법에 의거한다.

간단히 말하자면 법의학 교실에서 행하는 부검은 사건성이 의심되면 '사법 부검', 사건성이 없고 유족의 승낙을 얻었다면 '승낙 부검', 사건성이 없고 신원 미상이라면 '조사법 부검'이다.

2013년 '경찰 등이 다루는 사체의 사인 또는 신원 조사 등에 관한 법률'(사인·신원조사법)이 실시되어 새롭게 조사법 부검이 가능해졌다. 그 덕분에 우리 부검 대상 지구에서는 신원을 알 수 없는 노숙자의 부검은 범죄성이 의심되지 않는 한 조사법 부검으로 행해지는 일이 많아졌다.

각자의 사연 속에서 직업과 살아갈 집 그리고 가족을 잃은 노숙자들이 사망 원인도 모른 채 화장터로 향하게 되면 애도의 마음이 한층 더 짙어진다. 왜 죽었을까? 사건에 휘말린 것은 아닐까? 이런 의문을 부검을 통해 밝혀낼 필요가 있다고 생각한다.

마지막 목욕

이미 아는 사람도 많겠지만, 일본에는 유칸시(湯灌師)라는 직업이 있다. 유칸시는 입관하기 전에 주검을 욕조에 넣고 몸을 씻겨 정화하는 일을 한다. 입욕과 더불어 때에 따라서는 상처와 부패 등으로 손상된 부위를 고쳐 본모습으로 돌려놓고 얼굴에 화색이 돌도록 화장까지 해준 후에 주검을 관에 넣는다. 황천으로 떠나기 전에 욕조에 넣고 씻겨 죽은 자의 몸을 깨끗하게 해주는 아주 고마운 사람들이다. (한국에서는 현재 자격을 받은 장례지도사가 염습을 모두 행한다. 이에 비해 일본은 씻기는 일인 습은 유칸시가, 관에 넣는 절차인 염은 노칸시[納棺師]가 맡아서 한다. −역자주)

우리 법의학자도 부검이 끝나면 시신을 최대한 원래 모습으로 돌려놓는다. 꺼냈던 장기 등을 몸 안에 다시 넣고 절개한 피부는 봉합한다. 그 후 시신은 장례회사 쪽으로 보내져 납관을 한다.

부검에서는 거의 모든 장기를 꺼내 관찰해야만 해서 그 과정 중 대량의 혈액을 다룬다. 시신의 외표나 부검대에 혈액 등 몸의 성분이 부착되지 않도록 최대한 주의를 기울이지만 아무래도 일부는 시신에 묻는다. 실려왔을 때 이미 몸의 표면에 다량의 혈액이나 현장의 흙과 모래가 부착되어 오는 시신도 드물지 않다.

그래서 우리는 부검이 전부 종료한 시점에 세제를 사용해 시신의 전신을 스펀지로 닦아내는 작업을 한다. 그 과정이 유칸시처럼 정해진 절차대로 진행되는 것은 아니지만, 나는 개인적으로 이것을 '마지막 목욕'이라 부른다.

시신 중에는 혼자 살면서 일도 안 나가고 아마 상당 기간 목욕도 못 한 것 같은 사람도 있다. 수염과 손톱이 길게 자라 있고 피부 표면에 때가 껴서 전신이 갈색일 때도 있다.

이런 시신은 세제를 묻힌 스펀지로 박박 닦아주면 기분 좋을 정도로 하얗고 깨끗해진다. 머리카락도 "마지막 목욕이니까"라고 혼잣말로 중얼거리면서 망설임 없이 손으로 거품을 내서 박박 감겨준다. 그러면 모든 시신이 몰라보게 깨끗해진다. 마치 다른 사람이 된 것처럼 산뜻한 표정을 짓는다(나는 그렇게 보인다).

죽기 전에는 경제적 사정으로 씻지 못했을지도 모른다. 그런 개개인이 안고 있는 사정까지는 알 수 없지만, 적어도 마지막은 깨끗한 모습인 채로 배웅하고 싶다.

버려지는 갓난아기

예전에 JR 전철 산노미야역 부근의 물품보관함에서 갓난아기의 시신이 발견되어 뉴스에 나온 적이 있다. 이상한 냄새가 난다는 행인의 신고로 경찰이 수색한 결과 사망한 지 상당히 지난 갓난아기의 시신이 발견되었다. 물품보관함은 산노미야역 북쪽에 인접한 번화가에 있으며, 내가 쉬는 날 자주 외출하는 곳 부근이다.

일본에서는 원치 않는 임신이거나 경제적인 이유로 '인공 사산'(일반적으로는 '인공 중절')을 하는 경우가 드물지 않다. 인공 사산은 통상적으로 모체보호법에 근거해 산부인과에서 의료 행위로 행해야 한다.

하지만 우리 법의학 교실로 갓난아기의 주검이 실려오는 일도 있다. 실로 가슴 아픈 이야기지만 산노미야역 사건처럼 때로는 슈퍼마켓 화장실이나 기차역의 물품보관함 안에서 갓난아기의 주검이 발견되기도 한다. 대부분은 그 원인에 가난이라는 문제가 있으리라 생각한다. 이 작은 생명이 왜 목숨을 잃었는지 밝혀내기 위해 우리에게 부검 의뢰가 들어온다.

신생아를 부검할 때는 아이가 태어났을 당시 살아 있었는지 아닌지가 하나의 중요한 진단 포인트다. 모체 밖으로 나왔을 때 이미 사망한 채라면 '사산아(死産兒)'다. 법의학에서는 살아서 태어난 것을 '생산아(生産兒)'라고 한다. '사산아'일지 '생산아'일지 판단을 우리가 내려야 한다.

태어날 때 살아 있는 상태인 '생산아'라면 모친은 보호 책임 방치에 대한 죄가 적용된다. 물론 그 후의 상황에 따라 달라지기도 하지만 그대로 두면 죽는다는 사실을 알면서도 방치했을 경우 살인의 가능성도 생각할 수 있기 때문이다.

신생아를 부검할 때 우리는 우선 폐를 꺼내 물을 담은 비커에 넣어본다. 생산아라면 모체의 밖으로 나와 호흡을 했기에 폐에 공기가 들어간다. 그래서 생산아의 폐는 수면에 뜬다. 이것이 호흡을 했다는 증명이 된다. '이 얼마나 아날로그적인 방법인가'라고 놀랄지 모른다. 하지만 법의학 현장에서는 '부유 실험'이라 불리는 이 방법을 오래전부터 사용해왔다.

어느 해 초여름에 실려온 신생아도 슈퍼마켓 화장실 변기 속에서 발견되었다. 작은 폐를 꺼내 물에 넣으니 떠올랐다. 이 세상에 나왔을 때 아이가 살아 있었다는 확실한 증거다.

신생아 시신을 발견했을 때, 출생신고가 되어 있거나 임신을 등록하고 모자건강수첩을 받은 기록은 전혀 찾을 수 없었다.

부검이 끝나면 우리는 반드시 '부검감정서'를 유족에게 발행한다. 부검감정서의 자세한 사항은 5장에서 설명하겠지만, 감정서에는 사망한 자의 이름, 생년월일, 사망 장소, 사망 원인, 사인의 종류 등을 기재하게 되어 있다.

그런데 신생아 부검 후에는 '사태(死胎)감정서'와 '부검감정서' 둘 중 하나를 발행한다. 부검 후 사산아였다면, 즉 태어났을 때 이미 죽어 있었다면 사태감정서를 발행한다. 생산아였다면, 즉 살아 있었다면 부검감정서를 발행한다. 두 가지 감정서 모두 이름 칸에는 한 단어, '미상'이라고 적어넣어야만 하는 경우가 대부분이다.

지금까지 수많은 부검감정서를 썼다. 감정서에 가장 먼저 적는 사항은 사망한 사람의 이름이다. 부모가 아이의 미래에 대한 희망을 담아 짓는 것이 이름이라 생각한다. 이름 없이 이 세상을 뜬 아이. 역시 이런 현실을 직접 보는 것은 가슴이 아프다.

실업률과 자살률의 관계

지금까지 빈곤이 "발단"이 된 죽음에 대해 몇 가지 예를 살펴봤다.

'빈곤'이라는 단어에는 직업 문제가 직결된다. 질병, 구조조정, 도산 등을 이유로 일할 곳을 잃고 수입이 단절된 순간, 인간은 빈곤에 직면한다(만일 생활보호 대상자로 선정되어 수급을 받고 있다고 하더라도 문제의 본질은 변하지 않는다).

후생노동성이 발표한 데이터에 의하면 2015년 자살자 중 '무직자(실업자와 고령 퇴직자 포함)' 비율은 전체의 59.6%를 점한다. 자살 동기로도 '경제·생활 문제'는 2위이며(1위는 건강 문제), 남녀 비율로는 남성의 자살률이 높다. 특히 장년 남성의 자살은 경제적인 이유가 크다(〈정신신경학잡지〉 제111권 2009년 출판 참조).

(한국도 보건복지부가 2016년 데이터로 작성한 〈2018 자살 예방 백서〉에 의하면 경제적 어려움은 전체 자살 동기 중 두 번째로 높은 순위였고, 특히 40~50대 남성에게서 높게 나타났다. 또한 기초생활보장 수급 집단의 자살 생각 비율이 비수급 집단에 비해 4.3배나 높다.–역자주)

자살자의 숫자만 보면 최근 완만하게 감소하는 경향이 있지만, 그럼에도 연간 2만 명 이상의 사람이 스스로 목숨을 끊는다. 하루에 50명 이상이 자살로 목숨을 끊는다는 계산이 나온다.

도쿄 같이 감찰의가 있는 지역이라면 자살 시신은 감찰 조직으로 이동하는 경우가 많다. 하지만 대학의 법의학 교실에는 유서가 남아 있는, 누가 봐도 명백한 자살인 시신이 실려오는 일은 거의 없다.

효고현에서는 고베만 감찰 대상 구역이다. 그 외의 지역에서는 상황 증거 등을 통해 자살이 확실하다면 자살 주검은 부검 자체를 하지 않는다. 그럼에도 유서가 없고 자살이 확실하지 않으면 법의학 교실로 실려오기도 한다.

우리 법의학 교실에서 실시한 부검 데이터 조사를 보니, 전체 부검 중 자살 비율은 8.9%(2,179건 중 193건)였다. 자살 수단으로는 목맴이 32.1%(62건)로 가장 많다. 그다음으로는 추락이 15.5%(30건)이다.

우리가 부검할 때는 시신을 발견한 지 며칠밖에 안 된 경우가 많아 경찰 조사가 아직 진행 중이라 사망한 사람의 생전 상황에 대한 정보를 얻기에는 한계가 있다. 그래서 부검만으로는 자살 여부를 판별하기 몹시 어려운 것이 현실이다.

일본인의 자살 수단으로 가장 많은 목맴만 해도 스스로 목에 밧줄을 묶었는지, 누군가가 목을 매달아 살해한 것인지를 부검으로 확실하게 구별 가능하다고 장담하지 못한다.

또한, 물에 빠지는 자살도 판단이 어렵다. 바다에 부유하던 주검을 부검해서 사망 원인이 '익사'라고 알게 되어도 바다에 스스로 뛰어들었는지, 발이 미끄러져 실수로 떨어진 것인지, 혹은 누군가가 떠밀어 빠진 것인지 역시 부검만으로는 알 수 없는 것이 많다. 그것은 부검 후 경찰 조사에 맡겨야만 하는 부분이기도 하다.

법의학이 하는 일은 사망한 사람이 어떤 원인으로 죽음에 이르렀는지를 조사하는 것이다. 하지만 우리가 부검을 통해 범인이 둔기로 내리친 흔적이나 다량의 수면제 복용을 찾아내면 목맴 자살이 위장이었다는 사실이 드러나기도 한다.

인간의 목숨이 좌우되는 금액

어느 날 오후 30대 중반 남성의 시신이 실려왔다. 왼쪽 가슴에 몇 군데 찔린 상처가 있는 피의자 미상의 살인 피의 사건으로 우리 법의학 교실에 사법 부검 의뢰가 들어왔다.

남성의 왼쪽 가슴에 찔린 상처는 전부 5개였다. 각각 3~4cm 정도의 한눈에도 예리한 칼날에 찔린 손상이다. 왼쪽 가슴 좁은 범위에 모여 있고, 그 외에 눈에 띄는 외상은 없었다.

시신을 본 순간 휴, 가슴을 쓸어내렸다.

'아마 자살이겠구나'

나는 이렇게 진단했다.

남성의 왼쪽 가슴에는 같은 크기의 자창이 5개 나란히 그리고 전부 똑바로 심장을 향해 있었다.

이것이 만일 제삼자에 의한 범행이라면 왼쪽 가슴에만 다섯 군데, 같은 상처가 나란히 생길 상황은 벌어지기 어렵다. 가해자와 피해자가 칼날을 쥐고 다퉜다면 왼쪽 가슴의 좁은 범위를 몇 번이나 계속 찌르는 일은 쉽게 일어나지 못한다.

다만, 피해자에게 약이나 술을 먹여 잠들게 한 후 찔렀다면 이야기는 달라지기 때문에 외표 관찰만으로는 살해 가능성을 완전히 부정하진 못한다. 중요한 것은 시신에 남은 객관적인 사실을 차근히 모아가야 한다는 점이다. 추측만으로 사실을 오판하지 않도록 주의하면서 우리는 부검을 진행했다.

자창이 있는 왼쪽 가슴을 절개해보니 칼날이 찔려 들어간 흔적이 확연히 남아 있었다. 다섯 군데의 상처는 피하지방에서 멈춘 얕은 상처부터 심장의 바로 앞에서 멈춘 상처까지 각각 깊이가 달랐다.

심장까지 도달한 상처는 한 군데뿐으로, 이것이 치명상이다.

자살의 경우 치명상이 되는 상처는 기본적으로 한 군데인 것이 정상이다. 치명상이 생긴 순간 더는 스스로 상처를 내기 어렵다. 이 남성처럼 찔린 상처가 다섯 군데나 있다면, 치명상 이외의 상처는 대체로 심장에 닿지 않았거나 도달했더라도 손상이 아주 적다.

이것이 타살이라면 치명상이 여럿이거나, 범인과 다투는 동안 생기는 '방어흔'이라 불리는 상처가 피해자 손이나 손가락 등에 남는다.

남성의 사망 원인은 심장을 찔러 생긴 '실혈사(失血死)'다. 나는 칼날을 사용한 '자살'로 판단을 내렸다.

스스로 목숨을 끊은 시신의 부검을 마치면 나는 약간의 안도감이 든다. 표현에 오해의 여지가 있긴 하지만, 죽음을 애도하는 마음은 다른 주검과 다르지 않다. 하지만 사람을 죽인 범인이 지금도 거리를 활보하는 것은 아니라는 사실이 판명되면 약간 긴장이 풀린다. 이럴 때면 법의학자는 같은 현상에 대해 남들과 다른 감정을 느끼게 되는 기묘한 직업이라는 생각을 하게 된다.

경찰은 빚 독촉에 시달리던 이 남성이 스스로 목숨을 끊은 것으로 추정했다. 근무하던 공장이 문을 닫아 직업을 잃은 그에게는 500만 엔 정도의 빚이 있었다.

자살자에게 빚이 있는 일은 흔하다. 하지만 경찰에게 듣는 그들의 빚은 희한하게도 약 500만 엔 전후가 많다. 어디까지나 개인적인 감각이지만, 인간은 빚이 500만 엔이 되면 살아가기에 너무 무거운 짐으로 여기는 것 같다. 반대로 일단 500만 엔이 있으면 인간은 스스로 죽음을 선택하는 상황에 빠지지 않으리라는 생각이 든다.

'인간의 생명이 500만 엔에 좌우된다니.'

안타까운 마음에 이런 생각이 머리를 스쳤다.

'빈곤에 의한 죽음'이란, 한마디로 표현하기에는 그 죽음이 참으로 제각각이다. 빈곤 때문에 병이 생겨 사망하는 사람도 있고, 스스로 죽음을 선택하는 사람도 있다.

하지만 공통된 점은 이것이 일본에서 일상적으로 일어나고 있으며, 누구에게라도 일어날 수 있는 현실이라는 점이다.

2

고독한 죽음

열사병의 공포

우리 법의학 교실에는 매일 각기 다른 시신이 실려온다. 그중에는 사후 시간이 상당히 지나버린 시신도 많다. 자택에서 사망한 채로 한 달 이상 방치되었거나, 몇 년 전 사망한 시신이 이제야 산중에서 발견되기도 한다.

부검대에서 이런 마음 아픈 배경을 가진 시신과 마주하는 것은 법의학 교실에서는 특별한 일이 아니다. 그런데 최근 들어 이런 시신이 늘고 있다. 1인 가구, 즉 독거자가 늘어난 것이 원인 중 하나로 생각한다.

우리 법의학 교실도 연간 부검 횟수가 10년 전보다 약 2배 늘었다.

2015년에는 연간 320건의 부검을 진행했는데 그중 46%, 절반에 가까운 숫자가 1인 가구라는 결과가 나왔다. 전국적으로도 법의 부검 건수는 늘고 있다. 혼자 살다 보니 사망 당시의 상황을 알 수 없어 변사체로 분류되는 시신이 증가한 것이 하나의 원인으로 생각한다.

후생노동성이 발표한 '2015년 국민생활 기초 조사'에 의하면 일본의 단독 세대, 다시 말해 1인 가구는 1,351만 7,000세대로 전 세대의 26.8%에 달한다. 20년 전과 비교해서 430만 세대 이상이 늘었고 그 비율은 4.2%p 증가했다.

그중에서도 고령자(65세 이상) 1인 가구는 증가율이 현저하게 높다. 1995년에 219만 900세대였지만 2015년에는 624만 3,000세대로 약 404만 세대나 증가했다. (일본의 단독 세대는 2016년 26.9%, 2017년 27%로 증가했다. 국가통계포털에 의하면 한국의 2015년 1인 가구 비율은 27.2%, 2016년 27.9%, 2017년 28.6%, 2018년 29.1%라고 한다. 한국도 고령자 단독 세대 비율이 2015년 120만 가구로 전체 1인 가구의 23.2%로 높으며 증가 추세라고 한다. ─역자주)

혼자 사는 노인의 증가와 함께 최근 10년 들어 사회적 경종을 울리고 있는 것이 한여름의 열사병 대책이다. 후생노동성에 의하면 2016년 7~8월에 열사병으로 입원한 환자 수는 전국에 776명. 그중 61세 이상이 473명으로 전체의 60%가 넘는다.

2005년 328명이었던 열사병으로 인한 사망자 수는 2015년에는 968명으로 약 3배가량 늘었다. 기록적인 맹더위를 떨친 2010년에는 1,731명이 넘는 사람이 열사병으로 사망했다.

이런 상황의 배경에는 기후 온난화와 함께 "1인 가구의 증가"도 한몫을 했다고 본다.

열사병은 실외만이 아닌 실내에서도 빈번히 일어난다. 발 빠른 대응이 더욱 어려운 이유는 한밤중에 자다가 발병하는 사례도 적지 않아서다.

대낮에 실외에서 열사병으로 쓰러지면 주위 사람들이 구급차를 불러준다. 하지만 만일 혼자 자다가 증상이 나타나면 어떨까? 열사병에 걸리면 체내의 수분과 염분이 사라져 열이 체내에 가득 고인 상태가 된다. 증상이 가볍다면 어지럼증, 현기증 정도지만 중증인 경우 경련, 극심한 두통, 구토가 덮쳐오기도 한다. 의식 레벨이 떨어지면 구조 요청도 어렵다.

실제로 도쿄 소속 감찰의무원에서 도쿄 23구를 대상으로 조사한 결과 열사병으로 사망한 사람 중 2014년에 30% 이상, 2015년에는 20% 이상이 야간 사망인 것으로 나타났다. 그중 실내에서 사망한 사람의 비율이 약 90%에 달한다.

실내에서 사망한 대부분이 자기 집에서 에어컨을 사용하지 않았다. 고령자는 절약 정신과 인공 바람을 싫어하는 등 개인 취향의 문제로

에어컨이 있어도 어지간한 더위가 아니면 켜지 않는 사람이 많다. 이런 배경도 있어서 최근에는 특히 수면 중에 발생하는 열사병을 '야간 열사병'이라 이름 붙여 경각심을 갖도록 홍보하고 있다.

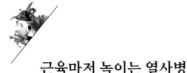

근육마저 녹이는 열사병

우리 법의학 교실로 실려온 주검 중 열사병이 원인이 되어 사망한 사람은 어느 정도일까?

실은 그 정확한 숫자를 알아내기란 어렵다. 혼자 사는 사람이 사망했다면 발견까지 몇 주 이상 걸리는 경우가 드물지 않다. 이런 시신을 우리가 부검대에서 대면할 때는 이미 부패 정도가 심하다. 이렇게 되면 대부분은 그 죽음이 열사병에 의한 것인지 알아낼 단서가 거의 남아 있지 않다.

만일 살아 있는 동안에 실려왔다면(물론 이런 경우는 법의학 교실이 아닌 병원으로 실려가겠지만), 비정상적으로 높아진 체온 상태 확인으로 열사병 진단이 그리 어렵지 않다. 만일 구급차로 실려온 환자의 체온이 41℃나 된다면 임상 경험이 적은 나로서는 우선 급성 각성제 복용이나 열사병 중 하나를 의심할 것이다.

사람이 사망하면 체내에서 열을 만들지 못해 시신의 체온은 주위 온도와 비슷해질 때까지 떨어진다. 바깥 공기가 30℃라면 체온도 30℃까지 서서히 저하한다. 부검 시 체온이 이미 외기 온도에 가깝게 떨어졌다면 사인이 열사병인지 아닌지를 판별하기는 무척 어렵다. 이런 때는 '사인 불상'이라는 진단을 내리는 때도 잦다.

더위가 극심했던 몇 년 전 8월, 1인 가구 자택에서 한밤중에 사망한 것으로 추정되는 70대 여성이 실려왔다. 이웃에 사는 지인이 우연히 집을 방문했다가 침대 위에서 홀로 숨져 있는 모습을 발견했다고 한다.

이미 사후 3일 정도가 지나서 당연하게도 체온은 외기 온도까지 떨어져 있었다. 눈에 띄는 외상은 없고 부검해봐도 장기는 전체적으로 특별한 이상은 보이지 않았다. 사망 원인을 알 수 없어서 부검을 끝낸 직후에 발행하는 부검감정서에는 사인을 '불상'으로 써넣었다.

부검 후 현미경 검사로 사망한 여성의 장기 상태를 자세히 관찰해보니 근육세포 일부가 녹아 있었다(변성되어 있었다).

인체의 세포는 체온이 37℃ 전후로 유지될 때 정상적으로 기능하도록 만들어졌다. 그런데 체온이 너무 높아져 버리면 때때로 이변이 일어난다. 그 이변 중 하나가 근육을 만드는 골격근세포가 열에 의해 녹거나 죽어서 근육세포 내의 성분이 혈액으로 흘러들어가는 현상이다. 이것을 '횡문근융해증(橫紋筋融解症)'이라 한다. 법의학 교실에서는 중증의 열사병 진단을 위한 얼마 안 되는 "진단 힌트" 중 하나다.

참고로 '횡문근'이란 팔이나 다리 등의 골격근과 같은 일반적인 이미지의 근육을 말한다.

불행 중 다행이라고 말해도 될지 모르겠지만, 이런 작은 힌트로 부검감정서의 사망 원인을 적는 칸에 '불상'이라 쓴 부분을 '열사병'으로 다시 고쳐 적을 수 있었다.

혼자 살아서 맞게 되는 죽음도 있다

비단 열사병만이 아니다. 독거자의 시신을 부검하다 보면 '만일 혼자 살지 않았더라면……'이라고 생각하게 되는 순간이 있다.

예전에 60대 남성의 부검을 했을 때 있었던 일이다.

계절은 겨울로 들어선 12월 초였다. 남성은 단독주택인 자기 집 마루에 쓰러져 사망한 채로 발견되었다. 집은 전부 잠겨 있었고, 어질러진 상태도 아니었다. 사건성은 없지만 사인을 모르겠다며 경찰로부터 승낙 부검 의뢰가 들어왔다.

남성은 이렇다 할 병력이나 내장 질환은 없고, 1장에서 자세히 다룬 심장에 나타나는 특유의 증상(심장 좌우의 혈액 색깔의 현저한 차이)이 확인되어 직접적인 사인은 '동사(저체온사)'로 보였다. 그런데 들어보니 남성은 경제적으로 어려운 상태도 아니었고, 자택에는 난방 시설이 갖춰져 있었다고 한다. 그런데 왜 자기 집에서 동사할 정도로 체온이 떨어진 걸까? 아무래도 이유를 찾을 수 없었다.

뭔가 석연치 않은 채로 부검을 진행하고 있는데, 뇌를 꺼내보고 이 남성이 동사한 이유를 확실히 알게 되었다.

뇌출혈이었다.

뇌출혈은 고혈압인 사람에게 일어나기 쉽다. 고혈압으로 인해 뇌 출혈이 일어나기 쉬운 부위가 뇌 속에 몇 군데 있다. 남성은 뇌출혈 이 잘 일어나는 피각(被殼, 조가비핵)이라는 곳에 탁구공 정도 크기 의 출혈이 관찰되었다.

뇌출혈은 뇌혈관이 터져 일어나지만, 이 남성의 경우 출혈의 정도 는 가벼웠으며 보통은 죽음에 이를 정도는 아니다. 만일 누군가 함께 있었다면 쓰러진 남성의 상태를 알아채 구급차를 불렀을 테고, 병원 에서 치료만 받아도 사망까지 가지 않았다.

하지만 이 남성은 혼자 살고 있었다. 아마 뇌출혈로 움직이지 못하 게 되자 자력으로 구급차도 부르지 못했고, 쓰러져 있는 동안 추위로 사망하게 된 것이리라.

인간은 죽으면 '녹색'이 된다

혼자 살아서 맞게 되는 죽음. 법의학 현장에서 '고독'이란 단어가 가장 절실히 떠오르는 순간이다. '고독한 죽음'이 무엇이냐는 질문을 받는다면 우선 '혼자 살다 아무도 모르게 죽는 상황'이 떠오른다.

물론 나는 혼자 사는 삶이 고독하다고 생각지 않는다.

어떻게 살아갈지는 각자가 원하는 삶의 방식대로 정하면 된다. 혼자 사는 자유로움을 좋아하는 사람도 있으며, 한발 밖으로 나가 직장이나 취미를 통해 많은 친구와 관계를 맺는 사람도 있다. 자식이나 손자와 따로 살면서 가끔 만나는 정도가 적당하다고 느끼는 사람도 분명 있다.

다만 혼자 살면 자신의 몸에 문제가 생겼을 때 도움을 줄 사람이 없다는 점에서 리스크가 높은 삶이라는 점은 분명한 사실이다. 전화로 가족과 친구에게 연락하거나 구급차를 부르면 되지만, 그것조차 불가능할 정도로 돌발적으로 증상이 나타나기도 한다.

몸 상태가 갑자기 나빠져서 그대로 사망한 경우 누군가가 발견하기까지는 시간이 걸린다. 사후 경과 시간이 길어질수록 당연하게도 부패가 진행된 상태에서 발견된다.

인간이 부패하면 어떤 모습이 될지 상상해본 적이 있는가?

의료, 장례 관련 등의 한정된 직업을 제외하면, 보통은 시신을 접할 기회가 그리 많지 않다. 가족이나 가까운 사람이 사망했을 때 병원 침대에서 접하거나, 일본 장례의 마지막 절차인 고별식에서 드라이아이스로 밑을 채운 관 속에 누워 있는 고인과의 대면 정도가 전부일 것이다. 이것은 아직 생전과 비슷한 상태의 주검만을 접하게 된다는 소리이기도 하다.

인간도 생물이다. 죽음을 맞은 순간부터 육체는 부패한다. '부패'란 명명백백 의학 용어이며, 사후에 활발히 활동하는 미생물의 작용으로 세포가 분해되어 썩어가는 상태를 말한다.

별로 알려지지 않은 사실이지만, 인간은 죽으면 외피가 서서히 "녹색"으로 변한다. 인체의 부패가 시작되면 우측 하복부 부근의 피부색이 가장 먼저 변한다. 잿빛이 가미된 황록색의 이끼와 비슷한,

말 그대로 "모스그린색"이 된다. 여름이라면 사후 하루 이틀 만에 변색이 시작된다. 복부 전체, 그리고는 위아래를 향해 가슴과 다리로 서서히 뻗어나가 일주일 만에 전신을 녹색으로 덮는다.

우측 하복부는 장이 가장 팽창된 부분이다. 장은 원래도 부풀어 있긴 하지만 이 부근은 회맹부(回盲部, 대장과 소장의 경계 부위로 맹장이 있는 곳)로 장의 안지름이 커서 가장 두툼하다. 아마도 이곳의 장이 복벽과 가장 가까워서 장내의 변화가 몸의 표면으로 나타나기 쉬운 것 같다.

지워지지 않는 죽음의 냄새

부패에 의한 변색은 방치된 모든 주검에서 똑같이 일어나는 현상은 아니다. 사후 주검이 처한 환경 조건에 따라 부패가 아닌 미라화가 진행될 때도 있다.

예를 들어, 한겨울 사망 후 바람이 잘 통하는 방에 시신이 방치되었다면 이때는 부패보다 미라화가 진행된다. 체내 수분이 일정 정도 빠져나가면 부패가 진행되지 않기 때문이다. 그리고 '미라화'도 명백한 의학 용어다.

여름에 사망한 경우 시신은 일반적으로 1개월만 지나도 백골화된다. 원인은 여름에 활발히 활동하는 파리다. 파리가 활동하는 시기에 사망했다면 야외만이 아니라 실내에서도 반드시 파리가 와서 주검에

알을 깐다.

언젠가 실내에서 발견한 시신이 실려왔는데, 부패가 상당히 진행되어 뼈가 군데군데 보일 정도였다. 구더기도 대량으로 붙어 있었고 뇌와 장기는 이미 전부 먹혀버렸다. 경찰에 의하면 옆집 창이 새까맣게 된 것을 보고 놀란 이웃이 신고했다고 한다. 파리는 놀랄만한 속도로 증식한다. 시신에 까놓은 알이 부화와 우화(羽化)를 반복하며 방 안이 꽉 찰 정도로 파리가 늘어버린 것이다.

미라화한 주검을 좋아하는 곤충(3장에서 설명)도 있어서 일괄해서 말할 수는 없지만, 사후 경과한 시간이 같다면 겨울 쪽이 부패의 진행이 느린 만큼 깨끗한 상태로 실려온다. 여름이라면 구더기가 없는 시신이 드물 정도다.

직업상 익숙해졌다고는 해도 부패한 시신은 역시 부검할 때도 기분이 좋을 리 없다. 시각적인 문제 이상으로 "냄새"에 신경이 쓰인다.

생생한 경험을 바탕으로 이야기하자면, 부패한 시신을 부검하면 그 냄새 성분이 머리카락과 피부에 스며들어 좀처럼 빠지지 않는다. 아무리 많은 부검복으로 몸을 감싸도 부검 중의 악취는 어딘가의 틈으로 파고들어 몸에 붙는다.

언젠가 한번은 시판하는 냄새 제거제를 뿌려 냄새를 없애보려고 한 적이 있다. 그러나 몸에 붙은 냄새와 서로 섞여 점점 더 심한 악취로 변했다. 대실패였다.

그날은 어쩔 수 없이 그대로 퇴근해서 전철을 탔는데, 좌석에 앉자 잠시 후 옆자리 사람들이 연이어 자리를 떴다. 인상을 찌푸리며 멀어 져가는 젊은 여성의 표정이 지금도 기억난다. 이제는 어설픈 냄새 제 거 대책은 시도하지 않고 있다.

집단 괴롭힘이 원인

혼자 사는 사람이 모두 '고독'한 것은 아니다. 가족과 함께 살아도, 학교나 직장과 같은 커뮤니티에 속해 있어도 고독을 느끼는 사람은 분명 있다. 그것이 스스로 원해서 만든 고독이라면 그것 또한 그 사람이 사는 방식이다.

하지만 원하는 무리 속으로 들어가고 싶은데도 들어갈 수 없다면 어떨까? 학교나 직장, 때로는 지역사회 같은 자신이 소속된 커뮤니티 안에서 일어난 소외로 정신적으로 궁지에 몰리는 사람도 적지 않다. '집단 괴롭힘'도 그런 문제 중 하나라고 생각한다.

문부과학성이 2016년 3월 말까지 전국의 초중고등학교와 특별지원학교를 대상으로 시행한 '2015년도 아동 학생 문제 행동 등 학생 지도상의 여러 문제에 관한 조사' 결과에 의하면 '집단 괴롭힘 인지 건수'는 과거 최다인 22만 4,540건에 다다른다. 전년도보다 3만 6,468건이 증가했다. 더구나 이 숫자는 어디까지나 학교 측이 "인지한" 숫자이며, 실제로는 좀 더 많을 것으로 생각한다.

예전에 아파트에서 뛰어내려 사망한 중학생(남)을 부검한 적이 있다. 사망 직후 바로 시신을 발견해서 경찰 조사가 아직 진행되기 전이었고, 얻을 수 있는 사건에 대한 주변 정보는 아주 한정적이었다. 학생은 유서를 남기지 않아서 누군가 밀어 떨어뜨렸을 가능성도 부정할 수 없었다. 어쩔 수 없이 '피의자 미상의 살인 피의 사건'으로 사법 부검을 진행했다.

부검 결과는 '늑골(肋骨, 갈비뼈) 다발 골절에 의한 출혈성 쇼크'. 수면제 등을 먹은 흔적도 없고 추락 전 누군가와 몸싸움을 한 흔적도 보이지 않았다.

부검이 끝나고 나중에야 남학생은 다니던 학교에서 심한 괴롭힘을 당했다는 사실이 드러났다. 학교는 사람이 많은 공간이다. 이런 곳일수록 주위로부터 고립되면 고독을 더 강하게 느끼는지도 모른다.

덧붙여 설명하자면, 높은 곳에서 뛰어내리거나 자동차 충돌 같이 몸에 강한 외력이 작용하면 시신 외표는 손상이 심하다. 머리는 두개골, 가슴 부위는 늑골, 허리 부위는 골반 등에 정도가 심한 골절이 여럿 생기는 예도 드물지 않다.

손상의 숫자와 정도가 많다고 해서 부검 방법과 순서가 바뀌지는 않는다. 외표, 피하조직, 뼈, 장기에 손상이 있다면 그것을 전부 문자와 사진으로 기록한다. 그래서 손상이 적은 시신에 비해 압도적으로 시간이 오래 걸린다.

이런 시신에서는 '뇌 파열', '심장 파열', '늑골 다발 골절' 등 단독으로도 사망 원인이 되는 손상이 여럿 보이기도 한다. 이런 경우는 어느 소견을 사망 원인으로 해야 하는지 판단이 어렵다.

하지만 모두 사인이 될만한 손상이라고 해서 모든 소견을 사인으로 채용(부검감정서의 사망 원인 칸에 기록)해도 된다는 소리는 아니다.

만일 고속도로에서 대형 트럭에 깔려 뇌와 심장이 파열한 시신이 있다면 사인은 무엇이 될까. 부검 시 심장이 원래 위치보다 목이나 머리 쪽으로 이동했다면 트럭이 발쪽에서부터 머리쪽 방향을 향해 몸의 장기를 짓눌러버린 형태로 사고를 냈다고 추정한다. 순서로는 다리 쪽에 가까운 심장이 뇌보다 먼저 파열되었다고 보기 때문에 사인은 '뇌 파열'이 아닌 '심장 파열'로 적는다.

고독사와 알코올의 관련성

최근 자주 듣게 되는 단어 중 '고독사'라는 단어가 있다. 혼자 사는 사람이 갑작스러운 병이나 만성적인 질환으로 주위에 알리지도 못한 채 홀로 죽는다. 그런 쓸쓸한 상황을 대변하는 단어다.

동일본 대지진으로 큰 피해를 본 이와테, 미야기, 후쿠시마 3개 현에 지은 가설 주택에서도 '고독사'는 큰 문제가 되고 있다. 그 숫자는 2015년 말까지 188명에 달했으며, 지진 후 5년 동안 매년 증가한다는 보고가 있다.

교도통신은 사회적으로 아직 고독사의 정의가 불명확해서 나름의 기준을 세워 조사를 진행했다. 3개 현의 경찰에게 '조립식 가설 주택에 혼자 살면서 사망 상태로 발견된 사람'의 숫자를 물어 조사했다(이와테현만 '2015년은 자살 숫자를 제외했다'고 밝혔고, 나머지는 조사에 자살자 수가 포함되어 있는지 명확하지 않다).

이런 재해 지역의 고독사 문제는 1995년 한신 대지진 당시 조성된 재해 부흥 공영주택에서도 세상의 주목을 받았다. 독거노인의 증가, 갑작스러운 환경 변화에 따른 이웃과의 교류 상실로 서로 의지할 사람도 지켜줄 사람도 없어진 결과였다.

'만일 불러서 함께 살 가족이 있거나, 이웃과 일상적으로 교류가 가능한 구조의 주택이었다면 고독 속에서 홀로 죽는 일은 없지 않았을까.'

이런 비통한 호소가 몇 번이고 들려왔다.

고독한 죽음은 대부분 알코올, 다시 말해서 음주와의 관련성이 높다.

사실 우리 법의학 교실에서 부검한 시신의 30% 정도가 혈액에서 알코올이 검출되었다. 무척 높은 비율이다.

그중에서도 매일 과도한 음주를 지속한, 즉 알코올의존증인 사람의 부검에 한해서 계산하면 압도적으로 남성이 많고, 그것도 혼자 살던 사람들뿐이다. 혼자 살다 보니 알코올의존증이 되는 걸까, 알코올의존증이 되면 혼자 살게 되는 걸까. 숫자가 너무 많으니 아무래도 인과관계를 생각하게 된다.

부검대에 오른 사람이 처했던 환경을 살펴보면 실업, 도산, 빚, 직장이나 친구 등의 인간관계로 생긴 스트레스로부터 도망가기 위해 음주를 되풀이한 것으로 보인다.

내가 기억하는 알코올의존증 부검 사례가 있다. 아직 50대인 남성이었는데, 그도 역시 40대 중반에 회사의 구조조정으로 퇴직했다. 가족과는 오랜 기간 연락 두절 상태였고, 친한 지인도 없었다. 퇴직 후 술에 빠져 지냈는데 사망 6개월 전부터는 거의 알코올만으로 영양을 섭취하는 상태였다. 경찰이 조사를 해보니 집에는 먹을만한 음식이 거의 없었고 대신 빈 맥주캔과 소주병이 여기저기 어지럽게 흩어져 있었다고 한다.

이 남성처럼 알코올만으로 생활한 사람의 혈관은 오히려 아주 깨끗한 경우가 많다. 보통은 나이를 먹으면서 동맥경화라는 혈관의 변화가 일어나는데, 알코올의존증 환자는 이런 증상이 거의 보이지 않는 사례가 많다. 어쩌면 알코올 이외의 영양분을 거의 섭취하지 않으니 동맥경화가 일어나기 어려울지도 모른다.

보통은 식사를 통해 단백질과 지방 등을 섭취하지만, 극도의 알코올의존증에 빠지면 알코올만으로 최저한의 에너지를 섭취한다. 기름진 식사를 하지 않아서 내장지방도 거의 없다. 내가 부검한 알코올의존증인 사람은 전부 야위어서 피하지방의 두께가 정상치인 3~4cm

정도에 미치지 못했다. 몸속만을 보자면 심근경색이 일어날 요소도 없어서 건강하다고 생각될 정도다.

생명을 앗아가는 케톤체

우리 법의학 교실의 부검대 위에 오른 알코올의존증인 50대 남성도 몸이 바싹 말랐고, 내장지방도 거의 없는 상태였다. 묘한 주장이지만, 인간이 알코올만으로 살아갈 수 있다고(건강하게 산다는 의미는 아니다) 실제로 증명한 셈이다.

그렇다면 남성은 왜 사망했을까?

알코올을 거의 유일한 영양원으로 살아갈 때, 한 번이라도 감기에 걸려버리면 육체가 단숨에 심각한 상황에 빠질 때가 있다. '케톤체(Ketone body)'라고 부르는 산성물질 때문이다.

통상 인간은 영양(포도당)이 부족해지면 몸의 지방을 연소해서 에너지원으로 사용한다. 이때 몸에 만들어지는 것이 케톤체로, 포도당 대신 전신의 에너지원이 되어준다. 이 원리를 이용해 탄수화물 섭취량을 극도로 줄이는 '케톤체 다이어트'가 화제가 된 적도 있다. 건강한 사람이라도 이틀 정도 음식을 끊으면 혈액과 소변 중에 확실히 케톤체가 만들어진다.

케톤체는 산성물질이라 혈액 중에 너무 많으면 혈액의 산성도가 강해진다. 건강한 몸이라면 폐에서 혈액의 pH(산성·알칼리성을 표시하는 수소이온 농도 지수)를 조절할 수 있다. 무의식적으로 호흡을 빨리해서 이산화탄소를 적극적으로 몸 밖으로 배출해 혈액 중의 알칼리성을 강하게 만든다. 동시에 신장 기능도 가세해서 여분의 산성 성분은 소변으로 배출해 혈액이 알칼리성으로 기울도록 조절한다.

그런데 알코올의존증인 환자는 감기라도 걸려 영양원 공급이 완전히 끊어지면 혈액 중의 케톤체가 비정상적으로 증가해서 pH 조절 기능이 따라가지 못한다. 몸의 정상적 활동을 유지하기 위해서는 혈액의 pH 수치는 아주 좁은 범위 안에서 조절되어야 한다. 혈액에 너무 많은 케톤체가 쌓이면 혈액의 산성도가 정상 범위를 넘어가 몸의 기능을 정상적으로 유지하지 못한다.

앞서 말한 50대 남성도 해부 후 혈액을 검사한 결과 케톤체 수치가 비정상적으로 상승한 것을 확인했다.

한편으로 알코올의존증이었던 남성의 혈액 중 알코올 농도는 낮았다. 급성 알코올 중독에 의한 사망은 아니다.

알코올에 의한 사망 원인으로 널리 알려진 것은 급성 알코올 중독이다. 알코올의존증인 사람도 치사 농도를 넘어서는 알코올을 마시면 급성 알코올 중독으로 사망할 가능성이 당연히 있다.

하지만 우리에게 실려오는 시신에 한해서 말하자면, 알코올을 단숨에 들이켜 혈액 중의 알코올 농도가 급격히 상승해 급성 알코올 중독으로 사망한 사람은 놀랄 만큼 적다.

알코올이 직접적 사인이 되는 경우는 오히려 드물다. 이 남성처럼 혈액 중의 알코올 농도는 낮지만 케톤체 상승으로 사망하거나, 술에 취해 걷다 발이 미끄러져 하천에 빠져 익사하거나, 송년회 후에 집에 가다 길에서 잠이 들었는데 자동차에 치어서 사망하거나, 음주 후 역 플랫폼에서 떨어져 사망하는 등 알코올이 간접적인 사인으로 관계된 경우가 압도적으로 많다. 이처럼 알코올이 사인에 간접적으로 관계된 죽음을 우리 법의학 교실에서는 '알코올 관련사'라고 부른다.

누군가 함께 술을 마셨더라면, 집에 걱정하는 가족이 있었더라면 막을 수 있었던 "관련사"도 있을지 모른다고 생각하게 된다.

법의학과 정신질환

지금까지 다룬 독거자, 고령자, 실업자, 알코올의존증 환자 등에서 볼 수 있는 '사회적 고립' 상태의 증가는 법의학 현장의 변사체 부검 숫자의 증가와 연관이 있다.

이에 관해 최근 주의 깊게 살피는 사안이 있다.

그것은 우리 법의학 교실에서 부검한 사람의 28%, 약 30%에 가까운 사람이 정신질환을 앓고 있었다는 사실이다(1,442건 중 404건. 2009년~2015년). 적어도 우리에게 실려온 사람 중에 정신질환을 앓은 사람의 증가는 데이터가 알려주는 의심할 여지없는 사실이다.

정신질환 환자의 부검은 무엇이 원인이 되어 사망에 이르게 되었는지 알기 어려운 사례가 많다. 결과적으로 부검을 끝내도 '사인 불상'이라고 적는 때가 적지 않다. 그렇다고 정신질환과 연관된 특유의 사인이 밝혀진 것은 아니다. 다만, 정신과 진료를 받는 사람은 길면 수십 년까지도 장기간에 걸쳐 계속 약을 먹는다. 정신질환 처방 약 중에는 부작용으로 '부정맥'의 가능성을 경고하는 약도 있어서 부정맥으로 사망한 사람이 없다고는 말하기 어렵다.

하지만 부정맥이란 심전도 검사를 통해서만 찾을 수 있다. 그런데 우리에게 온 시신은 심전도 검사를 해도 모니터에 나타나는 선은 당연히 움직이지 않는 일직선뿐이다. 멈춘 심장에 부정맥이 있는지 부검으로 진단을 내리기는 몹시 어렵다.

우리 대학에서 진행한 부검 중 자살로 진단한 사례를 연구한 적이 있다. 자살로 진단한 시신 중 17.1%(193건 중 33건)가 정신질환 병력이 있었다. 정신질환이 아닌 자살자는 자살 수단의 대부분이 목맴이었다. 이에 비해 정신질환 병력이 있던 자살자는 음독자살(정신질환자의 30.3%, 비정신질환자의 5.6%)이 많은 부분을 차지했다.

음독자살은 대체로 병원에서 처방받은 약을 사용했다. 한 번에 다량의 약을 먹어 죽음에 이르는 경우가 많다. 나는 임상 현장의 실정은 잘 모르지만, 정신질환을 앓는 사람의 음독자살을 예방하기 위해서는 약 처방 후 사후 관리가 필요하다는 생각이 든다. 상당히 오랜 기간에 걸쳐 약을 계속 처방하는 경우 복용하지 않고 남은 약에 대한 관리가 필요하다.

언제부터인가 환자가 오지 않게 되었을 때 정신과 의사들이 정기적으로 일일이 연락하지는 못하는 것 같다. 하지만 담당 의사도 모르는 사이에 자신의 환자가 어느 날 갑자기 사망하고 부검까지 받는 것도 드문 이야기가 아니다. 처방 약 사후 관리에 관한 논의가 필요한 때라고 생각한다.

정신질환자와 사건

내가 하나 더 주목하는 것은 정신질환 환자와 사건의 관련성이다.

우리가 부검하는 사례 중 병이나 사고가 아닌, 타살로 판단되는 건은 약 5% 정도(1,548건 중 81건)다. 이 '타살' 사건 피해자의 약 4명 중 1명(23.5%)이 우울증, 실어증, 치매(인지증) 등의 정신질환을 앓고 있었다. 더구나 피해자가 정신질환 환자인 타살 사건의 경우 가해자의 80% 이상(19건 중 16건)이 친족, 다시 말해서 가족이나 가까운 친척에 의한 살해였다.

이 숫자로 정신질환자 본인만이 아니라 가족이 놓인 환경이 얼마나 고립되어 있는지가 보인다. 치료에 드는 경제적 문제뿐만 아니라 가족들이 주변과 소통 없이 고통을 끌어안은 채 고립되다 보면 이런 사건이 생긴다. 여기에는 정신질환 환자와 그 가족에 대한 사회의 몰이해와 편견이라는 문제도 포함되어 있다.

2016년 7월 가나가와현에서 가슴 아픈 사건이 일어났다. 가나가와현 사가미하라에 있는 지적장애인시설 '쓰쿠이야마유리엔'에 20대 남성이 칼을 들고 들어가 난동을 부려 입소자 19명이 희생되고 27명이 부상을 당했다. 다수의 무고한 사람이 한 번에 일방적으로 살해되었다. 이런 사건은 절대로 일어나서는 안 된다.

가해자는 원래 이 시설에 근무했었으며, 정신질환 의심으로 강제 입원 조치된 이력이 있었다. 원래는 있어야 할 퇴원 후의 관리가 이루어지지 않았으며, 더구나 부모와의 동거를 전제로 한 퇴원이었는데 남성은 혼자 살고 있었던 점 등 이 사건에서는 강제 입원 조치와 사후관리 여부를 둘러싼 많은 문제가 지적되었다.

최근 정신과 현장에서는 정신질환을 앓고 있는 환자들을 격리병동 안에 격리하기보다는 사회 전체에서 받아주고 지켜주는 방향으로 변화를 도모하고 있다. 정신질환 환자를 사회 모두가 보살피자는 취지는 절대 틀리지 않았다고 생각한다. 한 명의 극단적인 인물이 일으킨 사건으로 병과 필사적으로 싸우는 환자와 가족이 차별과 편견에 놓이는 일은 있어서는 안 된다고 생각한다.

3

노화와 죽음

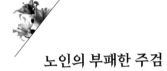

노인의 부패한 주검

그해는 늦더위가 극심해서 집에서 가까운 역까지 걷는 것만으로도 땀이 쏟아져나올 정도였다.

전철을 타고 직장이 있는 효고의과대학으로 향하는 전철 안에서 내 휴대전화로 한 통의 메일이 왔다. 경찰 담당자로부터 온 부검 의뢰 메일이다. 방에서 쓰러져 사망한 노인의 사인을 알 수 없어 부검을 부탁한다는 내용이었다.

마침 그날 오후는 예정이 없어서 13시부터라면 가능하다고 답신을 보내자마자 전철은 마침 내려야 하는 무코가와역으로 들어섰다.

아직 이른 시간인데도 밖의 더위는 맹렬했다.

'또 한 명의 노인이 열사병으로 돌아가셨구나.'

이런 생각에 빠진 채 대학까지 5분 정도의 거리를 걸었다.

오후가 되어 노인의 주검이 실려오자 우리는 언제나처럼 담당 경찰관에게 사정 청취를 시작했다.

부검 기록에는 부검하는 사람의 이름과 생년월일, 주검 발견 날짜와 장소, 확인 가능한 최후 생존 일시, 그리고 동거자와 지병의 유무 등의 정보를 적어넣는다. 해당 지역의 부검을 담당하는 법의학자는 저마다 자신들이 준비한 서식에 부검 대상의 정보를 적는다. 각각의 양식에는 차이가 있지만 적어야 할 정보는 기본적으로 거의 같다.

다만, 우리 법의학 교실에서는 지금까지의 경험을 바탕으로 항목을 추가했다. 예를 들어, 음주 여부, 정신과 통원 치료 이력, 치매 유무, 독거와 동거 구분, 생활보호 수급 여부 등의 항목은 매번 담당 경찰관에게 확인해서 기록한다.

이 노인은 70대의 남성이었다. 자식은 없고 아내와 둘이 살고 있었다. 일상적인 음주는 거의 없었으며, 정신과 통원 이력도 확인되지 않았다. 여기에 더운 계절이어서 실내에 냉방기 유무도 확인했는데 이것도 거실과 침실에 설치되어 있었다.

막상 주검을 눈앞에서 보니 부패가 상당히 진행되어 있었다. 사후 1주일 이상은 지난 것으로 보인다. 다만 주검에 눈에 띄는 외상이 없어서 역시 사인에 열사병의 가능성도 열어두어야 한다고 생각했다. 고령자 특유의 절약 정신 때문에 냉방기를 거의 켜지 않았을지도 모른다.

부검을 진행하면서 보니 내장은 부패가 상당히 진행되어 있었다. 장기는 이미 흐물흐물해져서 췌장 같은 장기는 일부 녹아내렸다. 폐와 심장에 눈에 띄는 이상 상태는 보이지 않았다.

'사망 후 시간이 상당히 지나서 부패가 심하네…… 이번에는 사인을 찾기 어려울지도 모르겠는데…….'

이리저리 고심하던 중, 함께 부검을 진행하던 의사가 입을 열었다.

"선생님, 두개골을 열었습니다."

두개골 속의 뇌는 이미 곤죽처럼 녹아 있어서 원래 뇌의 형태를 전혀 갖추고 있지 못했다. 그러나 그 질척하게 녹아 있는 회색의 뇌조직 속에는 확실하게 알아볼 수 있는 붉은빛이 도는 큰 핏덩어리가 있었다. 혈종, 다시 말해 출혈의 흔적이다. 그는 '뇌출혈'로 쓰러져 그대로 자택에서 숨을 거두었다.

노인이 노인을 병간호하는 시대

남성은 아내와 함께 살고 있었는데, 왜 부패가 진행될 때까지 병원으로 이송되지 못했을까?

그것도 이유를 바로 찾을 수 있었다. 실은 부검을 시작하기 전, 부검에 입회하는 경찰관이 사망한 남성에게는 정신질환을 앓고 있는 가족이 있다고 했다. 함께 사는 아내도 마찬가지로 70세가 넘었고 치매를 앓고 있었다(치매도 또한 '정신과'에서 다루는 질환에 포함된다).

부부가 함께 살고 있었지만, 사후 1주일 이상 방치된 것은 함께 사는 아내가 치매 환자였기 때문이다. 남성의 주검을 발견한 사람은 2주일에 1회 집에 오는 방문 간호사였다. 8월 중순에 방문한 후 간호사가 월말에 다시 방문했을 때는 이미 남성이 사망한 후였다.

주검 옆에서 아내는 멍하니 텔레비전을 보고 있었다고 한다. 아내는 남편의 사망을 이해하지 못한 채 시신과 계속 생활한 것이다. 아내는 남편이 계속 잠을 자고 있다고 생각한 것일까.

최근 들어 뉴스에서 자주 듣게 되는 '노노(老老) 간병'. 이 책을 읽는 독자 중에도 아마 반려자나 부모를 간병 중인 사람이 있을지 모른다.

총무성 통계국에 의하면 2016년 9월 15일 현재 일본의 65세 이상의 고령자 수는 3,461만 명으로 인구의 27.3%에 이른다. 후생노동성의 조사에 의하면 2025년에는 3,657만 명을 돌파할 것으로 예측되어, 인구의 30% 이상이 고령자가 되는 날이 그리 멀지 않다. 2장에서도 독거노인의 증가에 대해 다뤘지만, 핵가족화와 동반해 나타나는 혼자 사는 고령자의 증가는 사회문제가 되고 있다. 그와 함께 지금 또 하나의 큰 사회문제로 떠오르는 것이 이 노노 간병이다.

후생노동성이 3년마다 대규모로 조사하는 '국민생활 기초 조사(2013년)'에 의하면 자택에서 생활하는 '간병이 필요한 자'와 그를 주로 간병하는 '간병인'이 둘 다 65세 이상인 세대의 비율은 이미 51.2%나 달했다고 한다. 간병이 필요한 고령자가 있는 집의 절반 이상은 이미 노노 간병 상태다.

일본의 평균 수명은 매년 늘어난다. 2015년 일본인 평균 수명은 남성이 80.79세, 여성이 87.05세인데 〈고령 사회 백서〉(2014년 출간)에 의하면 2060년에는 여성의 평균 수명이 90.93세로 90세가 넘을 것으로 예상한다.

그 한편으로 건강 수명, 즉 생활에 간병이 필요하지 않은 기간은 평균적으로 남성이 70.42세, 여성이 73.62세(2010년도 시점, 후생노동성 조사)까지라는 계산도 있다. 평균 수명과는 남성이 약 10년, 여성은 약 13년이나 차이가 있다.

이런 상황으로도 알 수 있듯이 노노 간병에서는 '간병인'도 70대, 80대인 경우가 드물지 않다. 당연하게도 언제 간병인이 '간병이 필요한 사람'이 되어도 이상하지 않으며, 때로는 간병인이 먼저 사망하는 사태도 일어난다.

간병을 받는 사람이 중증의 치매 환자로 상황 파악이 곤란하거나 뇌경색 등으로 인해 거동을 못 하는 상태라면 배우자인 간병인이 심장이나 뇌의 돌발적인 병으로 쓰러지더라도 구조 요청을 못 한다. 믿기 어려운 일이지만 그중에는 백골화한 배우자의 시신과 생활을 계속한 사례조차 있을 정도다.

이렇게 도움을 청할 방법이 없는 '간병이 필요한 사람'이 그대로 방치되면, 자기 스스로 식사도 약도 먹지 못해 뒤를 따르듯 사망한다. 이런 슬픈 일이 이미 일본 곳곳에서 일어나고 있다.

이번 노부부의 경우 아내가 살아 있는 상태로 발견된 것은 행운이었다. 나는 노노 간병 부부가 함께 주검으로 발견된 경우를 몇 번이나 봐왔다. 노노 간병에서 간병인의 죽음은, 다시 말해 간병을 받는 사람의 죽음과도 직결된다.

욕조 익사 사고

자택 욕실에서 80대 남성이 주검으로 발견되었다. 남성은 치매인 아내를 간병하는, 그야말로 노노 간병 중인 상태였다. 아내를 헌신적으로 간병하고 나이를 먹어도 금실 좋게 사는 부부의 모습을 이웃 주민도 자주 볼 수 있었다고 한다.

남성의 시신이 우리 법의학 교실로 실려온 것은 어느 초여름 날이다.

두 사람이 사는 연립주택의 욕실, 그 욕조 속에서 남성은 숨을 거두었다고 한다. 발견한 현장 상황을 미뤄 '익사'가 의심되었다.

하지만 현장에 입회했던 경찰은 발견 당시 상황이 상상하기도 어려운 기이한 상태였다고 말했다.

왜 그런 상황이 되었는지 구조된 아내에게 물어도 알 수 없었는데,

아무래도 아내가 욕조에 들어가 나오지 못하게 되자 남편이 꺼내려다 발이 미끄러져 욕조 속으로 들어간 것 같다고 한다. 그것도 미끄러진 찰나에 우연히 남성은 아내 밑에 깔려 욕조 밑으로 가라앉았고, 그대로 아내가 남편을 눌러 익사한 것 같다고 전했다.

부부와 연락이 끊어지자 걱정이 된 친척의 신고로 경찰관이 집을 찾아갔다. 놀랍게도 발견 당시 아내는 욕조 속에서 남편 위에 앉은 그대로의 상태였다고 한다. 슬픈 이야기지만 결과적으로 아내는 남편 덕에 물에 빠지지 않고 살아남았다.

노노 간병에서는 간병인도 매년 쇠약해지는 자신의 체력과 싸워야만 한다. 사람 한 명의 몸을 움직여가며 간병하는 것은 상상 이상의 힘이 필요하다.

이 사건은 그야말로 노노 간병의 엄중한 현실을 상징한다.

아마도 욕조 안에서 일어서 나오지 못하게 된 아내를 끌어안아 올리기에는 욕조가 좁고 불안정한 장소였을 것이다.

80대 남성이 치매인 아내를 혼자 목욕시키는, 3세대 동거가 당연했던 예전의 일본에서는 생각하기 어려운 광경이 지금 일본에서는 일상이 되어간다. 오랜 세월 함께 살아온 배우자를 헌신적으로 돌본 결과가 "간병으로 인한 사고사"라는 것은 너무 서글프다.

동시에 나는 남은 아내 쪽을 생각한다. 남편은 아내를 돌보다 아내를 위해 사망했다. 하지만 아마도 아내는 그것조차 인식 못 하는 것 같다. 내가 발행한 부검감정서를 아내는 이해는 할까.

직업이라고는 하지만 주검을 둘러싼 슬픈 이야기를 알게 되면 역시 안타까운 마음을 풀 길이 없다.

치매와 죽음

일본의 치매 고령자 수는 전국에 462만 명(2012년)으로 추정된다. 후생노동성에 의하면 2025년에는 700만 명 전후가 되리라는 계산도 있어서 장래에는 65세 이상의 고령자 약 5명 중 1명이 치매 환자가 될 가능성을 시사한다.

우리 법의학 교실도 매년 치매 환자를 부검하는 사례가 늘고 있다. 2009~2015년에 우리 법의학 교실에서 실행한 전체 부검 1,442건 중 치매가 확인된 주검은 68건, 약 4.7%다. 해당 기간 중에도 치매 환자의 부검 비율은 서서히 증가 경향을 보였다.

치매 환자는 대부분 병원이나 시설에서 사망한다. 우리 쪽으로 실려오는 일은 아주 드문 경우다. 일반적으로 고령자가 자택이나 길거리 등에서 의외의 죽음을 맞지 않는 한 '병사'가 대부분이다. 그리고 치매 환자가 병사하는 원인으로는 '폐렴'이 많다.

우리가 부검한 치매 환자도 사인의 진단이 '병사'인 경우, 대부분 '폐렴'이었다. 그러나 우리가 치매 환자의 부검에서 '병사'로 진단한 건수는 전체 치매 환자 부검 건수 중 20% 정도다.

그렇다면 나머지 80%는 어떤 원인으로 사망한 것일까?

주로 많았던 사례는 익사, 동사, 교통사고사다. 치매가 진행되면서 집 밖으로 나간 후 그대로 돌아오지 못하거나 배회가 잦아져서 뜻밖의 사고에 말려들기 쉽다. 그 결과로 치매 환자의 부검 중 배회나 행방불명 중에 익사, 동사, 전도·추락사, 교통사고 등을 당한 사고사가 약 30%나 된다.

한번은 우리 관할구역에 있는 강가에서 '동사'한 남성의 주검이 발견된 적 있다. 별다른 소지품도 없어서 신원도 알 수 없었다. 그때도 피의자 미상의 살인 피의 사건으로 우리에게 사법 부검 의뢰가 들어왔다.

부검하는 중에 경찰은 시신의 신원 조사를 진행한다. 그 남성의 경우 가족이 실종신고를 한 상태라 신원이 바로 밝혀졌다. 발견 현장에서 도보권 내에 사는 80대 치매 환자였다.

아마도 남성은 훌쩍 집을 나오기는 했는데, 도중에 자신이 어디에 있는지 알 수 없게 된 것 같다. 한겨울인데도 코트와 같은 방한용 옷은 입지 않고 있었다.

엄동설한에 여기가 어디인지, 어쩌면 자신이 누군지도 모른 채 불안한 마음으로 헤매고 다녔을지도 모른다.

나는 부검할 시신이 치매 환자인 경우 사인과 더불어 사망 장소가 자택에서 몇km 권내였는지도 부검 기록에 남긴다. 지금까지 기록을 정리해보면 행방불명 중에 사망한 사람의 대부분은 도보권 내에서 발견되었다. 자택에서 약 5km 이내다. 집에서 그리 멀리 떨어지지 않은 장소에서 주검으로 발견되는 사례가 많았다.

남성도 마찬가지로, 사망 장소였던 하천 부지는 자택에서 겨우 2km 떨어진 곳이었다. 그 정도 거리만 멀어져도 집으로 돌아가지 못하게 되는 것이다. 때로는 자택에서 30km나 떨어진 곳에서 발견되는 예도 있다. 어떻게 이동했는지는 모르지만, 그 사람은 길을 헤매다 고속도로로 잘못 들어가 트럭에 치여 사망했다.

이렇게 배회 중에 발생한 사고는 최근 뉴스에 자주 등장한다.

2007년 아이치현의 치매 남성(당시 91세)이 배회 중 전철에 치여 사망한 사고가 있었다. 이에 대해 JR도카이는 유족에게 약 720만 엔의 손해배상 청구 소송을 냈다. 이름하여 'JR도카이 치매 사고 소송'이다.

2016년 3월 최고재판소는 유족에게 배상 책임이 있다는 1, 2심판결을 뒤집고 '가족에게 치매 환자를 감독할 책임을 물을 수 없다'고 최종 판결해서 유족에게 내려졌던 배상명령이 파기되고 JR도카이 측이 역전 패소했다.

1심에서 배상명령을 받았던 것은 사망한 남성의 '간병인'이었던 아내와 요코하마에 따로 살던 장남이었다. 사건 당시 아내의 나이는 85세. 아내도 보험 등급에서 간병 서비스가 필요한 상태라고 인정을 받은 상태로, 치매 간병과 노노 간병이 겹친 슬픈 사고였다. 부모와 떨어져 살던 장남에게 최고재판소는 가족에게 감독 책임이 없다는 판단을 내렸다.

85세의 아내가 91세의, 그것도 자신이 어디에 있는지조차도 파악하기 어려운 치매에 걸린 남편을 찾아 헤매는 것이 얼마나 힘든 일인지 우리가 상상이나 할 수 있을까? 만일 그것이 몇km 안 되는 거리라 하더라도 남성의 행동 범위를 가족만으로 파악하는 일은 쉽지 않다.

사망한 남성의 장남이 나중에 한 말이 기억에 남는다.

"아버지는 목적의식을 갖고 걷고 있었다고 생각한다. 일련의 보도에서 사용한 '배회'라는 단어는 잘못된 이미지를 준다."(2016년 6월 12일 아사히신문 참조)

남성은 그전에도 자택을 나와 예전에 근무했던 농협이나 생가로 향한 적이 있다고 한다. 목적 없이 그냥 걷는 것이 아니라 발길이 향하는 곳은 자신의 인생에 연고가 있던 장소였다. 옆에서 보기에는 '배회'라는 한 단어로 정리해버리는 치매 환자의 외출 행동도 실은 본인 나름의 강한 의지가 포함되어 있을지 모른다.

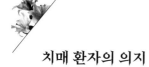

치매 환자의 의지

아주 최근에 치매인 60대 여성이 우리에게 실려왔다. 여성은 자신의 집 가까운 산에 산책하러 갔다가 돌아오는 길을 잃어 휴대전화로 집에 연락한 후 행방불명이 되었다. 여성은 1주일 후 산속 얕은 하천 옆에서 사망한 채로 발견되었다.

목뼈가 부러진 것으로 미뤄 아마 산중 어딘가에서 굴러떨어진 듯하다. 동시에 동사의 소견도 있었다. 뼈가 부러진 후 한참은 살아 있었지만, 아무런 손도 쓰지 못한 채 그 장소에서 체온이 떨어져 사망한 것으로 보인다. 'JR도카이 치매 사고 소송'에서 유족이 했던 말이 떠올랐다. 남이 보기에는 이 여성도 아무 의미 없이 돌아다니는 것처럼 보일지 모른다. 하지만 본인의 계획은 산책 후 집으로 돌아가는 것이었으리라. '돌아가고 싶다'는 의지는 있지만, 자신이 어디에 있는지 어디로 가야 하는지 알지 못하게 되어버렸다. 이것이 치매의 두려운 단면이라 생각한다.

앞에서도 적었듯이 원래 치매로 사망한 사람의 가장 보편적인 사인은 '병사'이며 그중에서도 '폐렴'이 주된 병명이다. 치매 환자는 왜 폐렴에 잘 걸릴까? 치매에 걸리면 뇌가 수축해가서 최종적으로는 몸을 움직이지 못하게 된다. 거동을 못 하면 아무래도 음식물이 기관지로 들어가기 쉽고 그러면 폐로 들어가게 된다. 결과적으로 폐렴을 앓게 되어 죽음을 맞는다.

이것은 역으로 치매 환자가 움직여 돌아다닌다는 것은 치매 증상은 있지만 아직 운동 기능에는 문제가 없다는 것을 의미한다. 치매로 뇌의 수축이 시작되었을 때, 감정 기복이 격해지거나 학습 기능이 저하하거나 건망증이 심해지는 등 우선 '인간다운 생활'을 유지하기 위한 기능부터 잃어간다. 그리고 그대로 뇌가 수축을 계속하면 팔과 다리 등을 움직이게 하는 뇌 중추 부분도 수축해 결국에는 거동을 못 하는 상태가 된다. 그때는 이미 자신의 '의지'로 움직이기도 어렵다.

그렇다면 거동도 못 하게 되기 전에 그들의 남은 의지와 어떻게 마주해야 할까. 치매 환자의 가족에게 이것은 중대한 과제라 생각한다.

인간의 몸에 진행되는 노화

　고령자의 시신을 부검하면 '육체가 노화한다'는 의미를 눈에 보이는 형태로 확실히 알 수 있다. 물론 개인차는 있지만, 세월이 흐르면 인간의 몸은 당연히 노화한다.

　부검할 때 나는 반드시 대동맥을 꺼내 관찰한다. 대동맥이란 심장의 좌심실을 막 빠져나온 곳부터 흉부와 복부를 거쳐 양다리 방향으로 갈라지는 곳까지의 동맥을 말한다. 꺼낸 대롱 모양의 대동맥을 열어 내측 상태를 관찰한다. 나이를 먹으면 부분적으로 동맥경화 흔적(동맥벽에 각종 물질이 침착해 벽이 두꺼워져 단단하고 탄력을 잃은 상태)이나 석화화 흔적이 있다. 심하면 가위로 대동맥을 자를 때 으드득 소리가 날 정도다.

대동맥의 탄력성을 알아보려면 잘라낸 동맥 양 끝을 양손으로 들고 좌우로 약간 잡아당겨 보면 된다. 젊은 사람의 대동맥은 늘었다 줄었다 하는데, 나이가 들어 동맥경화가 진행되면 신축성이 거의 없다.

또한, 복부 엑스레이 사진으로도 알 수 있지만, 상하로 이어진 척추뼈는 나이를 먹으면 그 끝이 가시처럼 튀어나온다. 이것을 골극(骨棘, 뼈가시)이라 한다. 젊은 사람의 척추골은 거의 사각형으로 골극은 보이지 않는다.

뇌도 역시 노화한다. 뇌를 꺼내기 위해 두피를 벗겨낸 후 두개골을 의료용 전동 톱으로 잘라 머리 상측 부분 머리덮개뼈를 들어 올린다. 머리덮개뼈를 들어내면 바로 뇌가 보일 것으로 생각할지 모르지만, 흰색의 단단한 경막(硬膜)이 뇌의 표면을 덮고 있다. 이 경막을 메스로 잘라내면 막에 달라붙어 있던 뇌가 그제야 모습을 보인다.

뇌 표면에는 대뇌이랑으로 불리는 구불구불한 구조물이 있으며, 대뇌이랑 사이사이에 약간 움푹하게 들어간 곳은 대뇌고랑이라고 한다.

치매 환자의 뇌를 보면 대뇌이랑이 가늘어져서 대뇌고랑이 눈에 띄게 넓어진 인상을 준다. 원래 뇌 자체가 작게 수축하기 때문에 머리덮개뼈를 벗길 때 내측과 뇌의 표면과의 사이에 거리가 있다. 뇌의 중량은 성인이 될 때까지 서서히 증가하다가, 50세를 지나면 신경세포가 줄어들면서 차츰 감소한다. 정도의 차이는 있지만 치매 환자의 뇌는 더 가볍다.

백골화, 미라화, 부패한 주검의 종착점

우리 법의학 교실에는 신원 미상의 시신도 꽤 실려온다. 그중에는 부패한 주검이나 백골화, 미라화한 주검 같이 사망 후 누구에게도 발견되지 못한 채 오랜 시간이 지난 경우도 적지 않다.

이런 시신 중에도 치매 환자가 상당수 포함되어 있을 것으로 추정한다.

경찰청 생활안전국이 발표한 '2015년 중 발생한 행방불명자 상황'에 의하면 2015년 신고 처리된 행방불명자는 8만 2,035명이다. 그중 70세 이상의 고령자는 전체의 20.3%에 이른다. 최근 연간 행방불명자 수는 약 8만 명대 초반으로 변동이 없는 것에 반해 고령자의 행방불명자는 2013년 이후 매년 증가했다.

더구나 그 원인과 동기에 대해서는 질병 관계가 1만 8,395명(전체의 22.4%)으로 가장 많고, 그중 치매 또는 치매 가능성에 의한 것은 1만 2,208명(전체의 14.9%)이다. 이 부분도 집계를 시작한 2012년 이후 늘고 있다.

물론 이 숫자는 어디까지나 "신고 처리"된 행방불명자의 숫자이며 최근 독거자의 증가를 생각하면 신고되지 않은 행방불명자도 일정 정도 존재할 것으로 예측한다. 어찌 되었든 조사 결과에 의하면 적어도 매년 약 1만 명 이상의 치매 노인이 행방불명되고 있다.

치매 노인이 가족이 잠시 눈을 돌린 틈에 홀연히 밖으로 나간다. 근처라면 지인이 발견해서 보호해줄 수 있겠지만, 만일 앞서 소개한 여성처럼 산속으로 들어갔다가 산길을 벗어나 헤매다 힘이 빠지면 백골화, 미라화한 주검으로 발견될 가능성도 부정하지 못한다.

사망 장소가 어디든 시신은 사후 1주일만 지나도 부패가 상당히 진행된다. 기온이 높은 시기의 실외라면 벌레와 동물에 의한 손상도 더 극심해져 1개월도 지나지 않아 백골화한다.

부패가 진행된 주검, 백골화나 미라화한 주검에 대해서는 경찰도 우선은 사건성을 의심하기 때문에 부검을 위해 우리 쪽으로 실려오는 일이 많다. 하지만 뼈나 가죽만 남은 주검은 부검하더라도 사인까지 진단하기는 어렵다.

그래도 이런 주검에는 예상외로 많은 힌트가 숨어 있다. 예를 들어, 뼈의 형상에서 성별과 나이를 추정할 수 있고, 장관골(長管骨, 팔과 다리에 있는 긴 뼈)의 길이로 신장을 추정할 수 있다.

최근에는 뼈와 손톱의 DNA를 추출해서 신원 미상 주검의 신원을 밝혀내기도 한다.

원래 DNA는 백혈구에서 추출하는 것이 바람직하다. 핵을 가지지 않은 적혈구나 액체 성분인 혈장은 DNA 분석에는 적당하지 않다. 다만 사망 후 시간이 많이 지나 혈액이 남아 있지 않은 시신의 경우 본인이 사용했던 칫솔이나 안경, 신발 깔창 등을 DNA 감정에 이용한다. 이런 것들에 붙어 있는 피부세포나 땀에 포함된 DNA에서 개인 식별이 가능해졌다.

15, 16년 전만 해도 DNA 감정은 대규모 기자재를 갖춘 대학시설에서만 할 수 있었다. 현재는 경찰의 과학수사연구소에서도 비교적 간단히 검사할 수 있다. 그래서 우리가 부검을 진행하는 동안 경찰이 신원 조사를, 과학수사연구소에서는 DNA 감정을 진행한다.

미라를 먹는 벌레

　사망 후 시간이 상당히 지난 시신은 부검으로 무엇을 구체적으로 알 수 있을까?

　이전 직장이었던 대학의 법의학 교실에 미라화한 시신이 실려온 적이 있다. 건조되어 피부가 새까맣게 된 시신은 생전에 어떤 모습이었는지 상상조차도 곤란한 상태였다.

　골격과 신장으로 미뤄 성별은 남성이 분명하다고 추정했고, 사후 3개월은 지나 보였다.

　그는 분명 아무도 살지 않는다고 알려진 빈 연립주택의 방 한구석에서 발견되었다고 한다.

　시신에 메스를 넣자 배 속에 꽉 차 있던 수시렁이가 넘쳐 흘러나왔다. 이 곤충의 일본어 이름은 더 특이하다. 《원색 일본 갑충 도감》에 의하면 이 곤충의 일본어 이름은 가쓰오부시무시다. 이름 그대로 가쓰오부시(가다랑어포)를 먹어치우는 성질에 유래했다고 한다. 다양한 종류가 있는 수시렁이는 건조한 동물 단백질과 견직물이나 모직물 같은 섬유질, 가죽제품 등을 먹이로 삼는다. 시신이 건조되면 수시렁이가 좋아하는 먹이와 상태가 같아진다.

미라화한 주검은 개복했을 때 장기 대신 흉부와 복부에 수시렁이가 대량으로 채워져 있기도 하다. 이 남성의 장기도 수시렁이가 이미 다 먹어치운 상태였다.

부패가 너무 심하게 진행되었거나 백골화, 미라화한 주검은 사인을 알아내기 무척 어렵다. 사인(死因)을 밝히기 위한 "사인(sign)"을 줄 장기가 없기 때문이다.

이때도 진단은 심히 곤란했다. 부검 중, 옆에서 두피를 벗기던 의사가 중얼거렸다.

"출혈 흔적이 있는데요……."

머리카락이 다 떨어져 나간 두피 밑에 적갈색의 얼룩 같은 흔적이 발견되었다. 일반적으로 두피 밑은 새하얗지만, 이 남성은 이미 미라화해 그곳도 검게 변색되었다. 그 일부에 적갈색의 마른 피가 달라붙어 있었다.

우선은 남성이 살아 있을 때 어딘가에 머리를 부딪친 것으로 추정했다. 하지만 두개골 골절은 보이지 않아 외상성 출혈인지는 아무래도 불확실했다. 뇌출혈의 가능성도 의심했지만, 진득한 상태가 되어버린 뇌 속에는 핏덩어리(혈종)가 남아 있지 않았다.

최종적으로 우리가 내린 진단은 '사인 불상'. 그 혈액 흔적이 외상에 의한 것이라는 점은 생각했지만, 사망 원인은 되기 어렵다고 판단했다.

다만, 사인을 밝히지는 못하더라도 부검으로 시신에 남은 "사인"을 찾아내는 것은 중요하다. 사실, 이 남성의 경우도 부검감정서에 기록한 두부의 출혈 흔적이 나중에 경찰이 사건을 해결하는 중요한 실마리가 되었다.

폭행당한 주검

사망 후 미라화한 남성의 부검이 끝나고 한참이 지난 후에 경찰로부터 범인을 찾았다는 보고를 받았다.

피해 남성 주변인을 조사한 결과, 시신이 발견되기 몇 달 전 공사 현장에서 함께 일했던 인물을 찾아냈다. 그가 말하길 피해 남성은 현장 일을 시작하고 2주일 동안 매일 멍이 커다랗게 들어 왔고, 그 사실을 모두가 알고 있었다고 했다.

일하던 중에 다친 것이 아니었다. 결국 그 멍은 얼굴에까지 생겼고, 나중에는 못 본 척할 수위가 아니어서 마침 사정을 물어보려던 참에 남성은 무단결근을 한 채로 현장에 나오지 않게 되었다고 한다.

실은 그 '멍'이야말로 남성을 죽음에 이르게 한 원인이다.

멍을 가볍게 보면 안 된다. 멍은 의학 용어로 '피하출혈'이라 부른다. 체표면적의 20~30% 범위에 걸쳐 멍이 생기면 나중에 '급성 신부전'이 될 가능성이 있다는 것이 연구로 밝혀졌다. 약간 전문적인 이야기가 되지만, 외부로부터 근육이 손상을 입으면 근육에서 신독성(腎毒性, 신장에 손상을 주는 독성)을 지닌 '미오글로빈(근육 중에 있는 색소 단백질)'을 혈액으로 배출해 신부전을 일으킨다.

다시 말해서, 심하게 부딪히거나 두들겨 맞아 근육이 광범위하게 손상을 받으면 근육에서 미오글로빈이 혈액 중으로 흘러나온다. 이것이 몇 주일 동안 계속되면 급성 신부전을 일으켜 그대로 죽음에 이를 수 있다. 이 남성은 2주일에 걸쳐 매일 폭행을 당한 것 같다고 했다. 직장에 무단결근을 한 후 며칠 지나지 않아 사망한 것으로 추정한다.

미라화해 이미 없어진 멍 대신 폭행의 뒷받침이 된 증거가 부검에서 발견한 두피 밑 출혈 흔적이었다.

그 후 피의자로 밝혀진 사람은 지인인 남성이었다. 범인은 이 남성에게 빌려준 돈이 있었으며, 돈 갚는 날짜가 늦어지는 것을 이유로 폭행을 심하게 했다고 자백했다.

범인은 남성의 팔이나 배만이 아닌 머리까지 맥주병으로 몇 번이고 몇 번이고 내리치기 시작했다. 그런 매질이 2주일 정도 계속되었을 즈음, 피해자는 축 늘어진 채 그대로 사망했다. 극심한 폭행을 당한 남성은 아마도 죽음 직전 급성 신부전에 빠져 맹렬한 권태감과 함께 배설도 멈춰졌을 것으로 추정한다.

체포된 남성은 상해치사죄로 징역형을 받았다.

이 사건에서 우리는 부검으로 사인을 밝히지 못했다. 그러나 이번 사건처럼 부검으로 얻은 정보가 수사의 뒷받침이 되는 경우도 적지 않다.

우리는 어떤 상태의 시신이라도 최선의 노력을 다해 부검한다. 다만 시간이 지나면 지날수록 완전한 해명이 어려운 것은 사실이다.

요양원의 사고사

　노화와 병 때문에 자력 또는 재택 간병만으로는 생활이 곤란해져 '노인요양원' 같은 간병시설을 이용하는 고령자는 매년 증가한다.

　현재, 일본의 개호(介護, 간병) 보호시설은 '개호 노인 복지시설'이 7,551곳, '개호 노인 보건시설'이 4,189곳, '개호 요양형 의료시설'이 1,423곳이다(후생노동성 '2015년 개호 서비스시설. 사업소 조사 개황' 참조).

　노인요양원처럼 많은 고령 입소자를 책임지는 시설에서는 죽음을 가까이서 접하게 된다. 당연히 병으로 인한 죽음이 압도적으로 많지만, 가끔 시설 내에서 일어난 뜻밖의 사고와 사건으로 입원자가 사망해서 우리 법의학 교실로 실려오는 일이 있다.

식사 중 음식이 목에 걸려 사망한 사람.

입욕 중 욕조 안에서 익사한 사람.

전동 침대의 등받이 기울기 조절 기능을 사용하다 옆에 설치된 선반과 매트 사이에 목이 끼어 질식사한 사람.

이런 사고가 나면 때에 따라서는 경찰이 시설 관리 책임자를 조사해야 한다. 예방하기 어려운 우발적인 사고였는지, 아니면 간병인의 부주의 또는 고의에 의한 것인지를 조사한다.

부검으로 사인을 밝혀 사건성 여부를 확인하기도 한다. 시설에서 사망한 사람의 부검 여부는 경찰이 유족의 의향을 고려해서 그때그때 판단한다. 시설 측의 대응과 정보 공유가 불충분해서 유족 측이 강한 의심을 품고 있다면 경찰도 좀 더 신중하게 조사한다.

한 요양원에 입원 중인 80대 여성이 직원 실수로 사망한 사건이 일어났다. 간병하는 직원이 욕조에 넣기 위해 끌어안고 옮기던 중 실수로 여성을 바닥에 떨어뜨렸다고 한다.

사인은 '경추 골절에 의한 급성 호흡부전'. 목뼈가 부러져 호흡을 못 하게 된 것이다. 경추 속에는 뇌에서부터 뻗어 나가는 두꺼운 신경인 목척수가 자리 잡고 있다. 경추가 골절되면 이 척수의 움직임에 지장을 준다. 골절이 어디에 일어났는지에 따라 횡격막을 못 움직이게 되기도 하며, 그러면 호흡부전이 일어난다.

다만 이 사고가 직원의 부주의에 의한 것인지, 어디까지나 우발적인 사고인지에 대해서는 우리가 판단할 범주가 아니다. 우리가 부검을 통해 객관적인 사실을 찾아 제시하면 그것을 기반으로 경찰이 조사를 진행한다.

　"세계 1위의 고령 사회." 일본이 이렇게 불린 지 오래되었지만, 실은 2016년 시점에서야 세계 주요 국가의 고령화율(총인구에서 65세 이상의 비율)로 세계 1위가 되었다. 건강하게 장수하는 것은 멋진 일이다. 하지만 오래 살게 되면서 동시에 새로운 불행이 생기기도 한다. 나는 이 땅의 고령자들이 노화로 인한 불행을 겪는 일 없이 마지막 시기를 그저 평온하게 맞이했으면 좋겠다는 생각을 한다.

4

죽음 이후의 격차

인간은 죽으면 어떻게 될까?

누군가 지금 죽음을 맞이했다고 설정을 해본다.

사망 후 몸이 어떻게 변할지 상상해본 적이 있는가?

사람이 "죽는다"는 것은 다시 말해 "심장이 멈춘다"는 의미다. 그러면 전신을 도는 혈액의 흐름도 당연히 멈춘다. 순환하지 않게 된 혈액은 중력에 의해 몸의 낮은 곳으로 모인다.

예를 들어, 위를 향해 누운 채 사망했다면, 등 쪽으로 혈액이 모인다. 피부밑에 보이지 않는 커다란 멍이 생긴 것 같은 이미지다. 이렇게 모인 혈액은 사후 1시간만 지나도 피부 외측에서 색이 확실히 보이게 된다. 이것이 '시반(屍班)'이다.

사망한 지 4, 5시간이 지나면 혈액이 혈관 밖으로 흘러나간다. 이 혈액의 붉은색이 지방의 피부밑 조직에 침착해서 그곳에 색소가 서서히 고정되어간다. 8~12시간만 지나도 침착한 색은 그곳에 완전히 자리 잡아 그 이후에 색은 이동하지 않는다.

우리는 부검할 때 시반 색이 그 자리에 고정되었는지를 "손가락"으로 확인한다. 시반이 나타나기 시작할 때는 손가락으로 누르면 그 부분만 색이 사라진다. 아직 혈관 중 혈액이 이동할 수 있는 상태라서 손가락으로 압박하면 혈액이 혈관 내를 이동하기 때문이다. 그런데 혈액 색이 혈관 이외의 조직에 침착해버리면 이번에는 눌러도 색은 사라지지 않는다. 오랜 세월 부검을 하다 보면 시반을 손가락으로 눌러 색이 사라지는 정도만 봐도 사후 경과 시간을 대략 알 수 있다.

예를 들어, 몸통의 등 쪽과 배 쪽 모두에 시반이 있는 시신이 있다면 이유는 무엇일까? 시반이 중력을 거슬러서 몸의 위쪽으로 올라가진 않았을 테니 이 상태로 알 수 있는 사실이 있다. 이런 시반은 혈관 외 조직으로 색 침착이 시작되었지만, 아직 혈액의 이동이 가능한 몇 시간 사이에 무언가의 원인으로 시신이 뒤집어졌을 때 생긴다.

이것이 만일 살인 사건이라면 시신을 도중에 뒤집었다는 것은 어쩌면 범인만이 알 수 있는 정보일 수도 있다. 범인이 스스로 비밀을 폭로하도록 유도할 수 있다. 살해하고 5~7시간 후에 한 번 시신의 자세를 바꿨다는 자백을 받을 수 있다면, 사건은 유력한 증거를 얻을 수 있다.

이처럼 몸의 양면에 시반이 생기는 것을 우리는 '양측성 시반'이라 부른다.

예를 들어, 쓰러져 사망했을 때는 엎어져 있었지만, 사후 5~7시간 정도 사이에 무언가의 원인으로 주검이 위를 향해 누워 있게 되는 등 사망 시각과 발견 시각의 상황에 변화가 있었다는 것을 알려주는 재료가 된다. 때로는 자택에서 엎드려 사망한 사람을 가족이 발견하고 몸을 뒤집은 타이밍이 마침 그 시간대여서 시반이 배 쪽과 등 쪽에 출현하는 때도 있다. 양측성 시반이 나타나 상당히 정확하게 사망 시각을 추정한 사례도 있다.

때에 따라서는 시반 색으로 사인을 알아내기도 한다. '청산염(시안화합물, 속칭 청산가리) 중독'이나 '일산화탄소 중독'일 때는 혈액 색이 선명한 적색('선홍색'이라 부른다)이 되는 특징이 있어서, 시반 색도 그만큼 선명한 빨간색이 된다. 한편으로 약 10년 전 자살에 빈번히 사용한 '황화수소'에 의한 중독으로 사망하면 시반의 색은 녹색에 가까워진다. 시반 색은 다시 말해 혈액의 색이며 적혈구 중의 헤모글로빈이 어떤 화학물질과 결합했는지에 따라 색이 변한다. 헤모글로빈이 일산화탄소나 청산염과 결합하면 선명한 적색을 만들고, 황화물과 결합하면 녹색에 가까운 색으로 변한다.

시반은 이처럼 사인을 밝히는 데 상당한 도움을 준다. 하지만 시반 확인이 곤란했던 경험이 있다. 전신에 문신을 넣은 사람과 흑인 유학생의 시신을 부검했을 때다.

문신, 그중에서도 특히 전신을 덮는 이레즈미는 시반이 문신 색의 농담에 섞여 어디에 있는지, 어떤 색을 띠고 있는지 판단이 어렵다. 또한, 흑인 유학생의 경우 갈색 피부에 감춰져 있어 제대로 살피지 않으면 시반이 나타났는지 아닌지 언뜻 보기로는 전혀 알 수가 없었다.

이런 내용은 내가 지금까지 읽었던 어떤 법의학 교과서에도 나오지 않았다. 현장 경험이 얼마나 중요한지 알 수 있는 사례라고 생각한다.

이번 장에서는 이런 '사망 후' 육체에 일어나는 여러 현상을 중점적으로 다루고 있다. 이곳에도 역시 '격차'가 존재하지만, 그 부분은 점차 설명해가겠다.

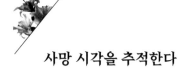

사망 시각을 추적한다

사후 육체에 일어나는 대표적인 변화 중 하나가 '사후 경직'이다.

인간은 죽은 후 근육에서 화학적 변화가 일어나 관절을 움직이기 어렵다. 물론 관절을 움직이는 것은 우리 법의학자다. 사망하면 경직은 통상적으로 '턱, 목, 어깨, 팔꿈치, 손목, 손가락, 고관절, 무릎, 발목, 발가락' 같은 순서로 몸의 위에서 아래쪽 관절을 향해 서서히 진행한다. 반나절만 지나면 모든 관절이 딱딱하게 굳는다. 내가 80kg인 체중을 실어 시신의 발꿈치 관절을 펴려 해도 꼼짝도 안 한다.

법의학 현장에서는 모든 관절의 경직 상태에 대해 기록해야 한다. 어떤 부분이 어느 정도까지 경직되어 있는지로 대략의 사망 시각을 추정한다.

팔꿈치 관절까지는 강한 경직 상태지만 손가락 관절은 아직 경직이 약해 조금은 굽혀진다면 사후 6시간 정도에서부터 아직 반나절은 지나지 않은 상태라는 예측을 하는 식이다.

경직이 진행되기 시작하면 하루 정도 계속된 후, 그다음은 서서히 수축한다(경직의 이완이라 한다). 사후 3, 4일이 지나면 이번에는 경직이 풀려 전혀 힘이 들어가지 않은 상태로 돌아온다.

다만, 이런 반응은 어디까지나 근육의 화학반응이라서 근육량이 많은 사람은 그만큼 경직이 강하게 나타나고 고령자로 근육량이 적다면 그만큼 약하다. 또한, 기온이 높은 여름에 사망하면 화학반응이 빨리 진행되어 경직이 빨리 시작하고 겨울이라면 그 반대이다. 운동 중에 급사했다면 근육이 활동 중이었던 상태라서 빠르고 강한 경직 반응이 나타난다.

즉, 사후 경직은 개체 차이와 환경에도 큰 영향을 받는다. 경직 정도를 근거로 한 사망 추정 시각은 어디까지나 "대략적인 것"이다.

한편으로 사후 체온의 변화는 시반이나 경직과 달리 변화에 영향을 주는 요인이 적다. 사후 비교적 빠른 단계에서 측정할 수 있다면 사망 시각을 추정하는 데 가장 유효한 방법이다.

2장에서 이미 다뤘지만, 사후에는 몸의 열 발생이 정지되어 체온은 외기 온도와 같아질 때까지 떨어진다. 예를 들어, 외부 기온이

22℃고 시신의 직장 온도가 23℃라면 이미 거의 다 내려간 상태다.

물론 온도 저하 속도는 시신이 있던 환경이나 체격에 따라 차이가 나지만, 표준적인 조건이라면 약 1시간당 1℃ 조금 안 되게 저하한다고 생각하면 된다. 계절에 따른 기온의 변화 등은 충분히 고려하지만, 체온이 완전히 내려가기 전이라면 사후 경과 시간의 추정이 어느 정도 가능하다.

시반, 경직, 체온 저하는 법의학에서는 '초기 사체 변화'라 부른다. 사후 비교적 시간이 많이 지나지 않은 육체에 나타나는 현상으로 조사의 중요한 단서가 된다.

어떤 사람이 집에서 홀로 사망했다. 등에는 시반이 나타났고, 등의 시반을 손가락으로 눌러도 거의 이동하지 않는다. 외기 온도는 15℃인데 직장 온도는 25℃. 경직은 손가락 관절까지 전신에 강하게 나타났다. 이런 초기 사체 변화를 고려하면 아마도 천정을 향해 누워 사망한 후 약 12시간 정도 지났다고 추측할 수 있다.

한편으로 2, 3장에서 다룬 '부패, 미라화, 백골화' 같이 "외견으로 알 수 있는" 현상에 대해서는 '후기 사체 변화'라 부른다. 후기로 넘어가면 기온, 습도, 통풍 상태 등 다양한 요소를 살펴야 해서 오랜 세월의 경험을 기반으로 시신의 훼손 정도를 보고 판단하는 방법밖에 없다.

그런 의미로는 사망한 시신이 빨리 발견되는 것이 가장 좋다. 초기 사체 변화를 확인할 수 있는 때라면, 사인도 사망 일시도 알아내기 쉽기 때문이다.

사후 육체의 여러 변화를 통해 사인을 찾아내는 것이 우리 법의학자의 "일상 업무"다.

일본의 '법의 부검' 실정

법의학 교실에서는 한마디로 표현해서 '변사체'라 불리는 시신을 부검한다. 사망한 직후 의사가 '병사'로 진단한 시신을 제외한 시신이다. 외적 원인으로 사망하거나 사망한 원인과 상황이 불명확한 시신, 다시 말해서 죽음이 비정상적인 시신을 변사체라고 부른다. 병원에서 사망하더라도 변사로 의심되면 의사는 경찰에 신고해야만 한다. 통보를 받은 경찰이 우선은 사체에 관한 조사, 즉 검시를 시행한 후 부검 여부를 결정한다.

일본에서는 2013년에만 16만 9,047구의 변사체(교통사고 관계, 동일본 대지진의 피해로 발견된 주검은 제외)가 발견되어 경찰에 신고가 들어왔다. 그중 범죄에 의한 사망이 확실한 '범죄 사체'가 514

구, 범죄에 의한 사망이 "의심"되는 '변사체'는 2만 339구였다(경찰청 정리 참조). 범죄성이 있거나 범죄성이 의심되는 사체에 대해서는 경찰이 검시를 진행한다. 경찰이 부검 조사가 필요하다고 판단한 경우 대학의 법의학 교실에 '사법 부검'을 의뢰한다.

법의학이라고 하면 일반적으로 이런 사법 부검만을 다룬다고 생각하기 쉽다. 하지만 실제로는 우리가 다루는 부검 중 발견 당시 범죄성이 확실히 의심되는 시신은 그리 많지 않다. 2013년에 경찰에 신고된 시신 중 "범죄성이 의심되지 않는" 사인·신원 미상의 시신이 14만 8,194구로 대부분을 점한다고 보고되었다.

이런 주검은 부검이 필요하다고 판단되면 '조사법 부검'이나 '승낙 부검'으로 각 지역의 대학 법의학 교실에 의뢰 신청을 한다. 일부 지역(도쿄도 23구, 오사카, 고베)에서는 '감찰'이라고 부르는 조직에서 '감찰의 부검'으로 행해진다.

'감찰의'라는 단어를 텔레비전 드라마에서 사용하고 있어서인지 대학의 법의학 교실과 혼동하는 일이 많다. 하지만 감찰 조직에서는 원칙적으로 범죄성이 의심되는 부검은 실행하지 않는다. 전염병, 중독 또는 재해로 사망한 것으로 추정되는 시신이나 범죄성이 없는 변사체를 부검해서 사인을 밝혀 "공공 위생" 향상을 도모하는 것을 목적으로 설립한 조직이다.

실은 대학에서는 법의학 교실 이외에서도 부검(해부)은 한다. 여기서 대학에서 하는 부검의 종류에 대해 설명해두겠다. 대학에서는 이하 3종류의 부검이 이루어지고 있다.

① 계통 부검
학생 해부학 학습을 위한 부검. 해부학 교실에서 담당

② 병리 부검
병원에서 사망한 사람의 진단을 확인, 치료의 효과를 조사하는 부검. 병리학 교실에서 담당

③ 법의 부검
범죄 조사와 사인 규명을 목적으로 하는 부검. 법의학 교실이 담당

이 중 우리가 하는 것이 ③번 "법의 부검"이다.

매년 16만 명 이상의 신고가 들어오는 주검에 대해 경찰은 필요에 따라 '사법 부검, 조사법 부검, 승낙 부검, 감찰의 부검' 중 하나를 택해 법의 부검을 시행해 사인 규명을 위해 노력한다. 하지만 부검률은 결코 충분하다고 할 수 없다.

경찰청에 의하면 2015년에 경찰이 다룬 주검은 16만 2,881구. 그 중 사법 부검을 수행한 주검은 8,424구, 조사법 부검은 2,395구, 승낙 부검과 감찰의 부검은 9,302구, 합해서 2만 212구가 부검을 받았다. 부검률은 12.4%다. 전년도 11.7%에 비해 약간 증가한 정도이며 다른 선진국과 비교하면 상당히 낮은 숫자다.

우리 대학 관할구역은 아니지만, 과거에 간사이 지방의 한 지역에서 보험금에 얽힌 살인 사건을 놓치고 지나간 사례가 있었다.

이 사건은 발견 당시 피해자의 시신을 부검하지 않았다. 나중에 다른 사건을 조사하다 이 사건도 살인 사건이었다는 것이 밝혀졌다. 이렇게 "놓치고 지나간 범죄"는 경찰청이 파악하는 것만으로 1998년 이후 45건이라고 한다. 그중 41건이 부검을 하지 않고 검시와 과학수사연구소의 조사만으로 사인과 범죄성이 잘못 판정되었다(더불어, 그중 보험금 조회를 했더라면 범죄로 인한 사망이라는 것을 알 수 있었을 사건은 12건 있었다).

거기에 경찰청이 파악하지 못한 건수는 또 얼마나 많을까. 부검률이 불과 12%라는 점을 생각하면 "감춰진 사건"이 얼마나 많을지 등골이 서늘해진다.

최근 일본의 법의학 교실은 전국 어디라도 법의 부검 건수 자체는 늘고 있다. 그 이유는 지금까지 설명했듯이 1인 가구 증가와 함께 사망 당시의 상황을 알 수 없는 변사체가 늘어난 것이 깊은 관계가 있다고 생각한다. 사실 우리 법의학 교실에서도 연간 부검 수는 10년 전에 비해 약 2배로 늘었다. 2015년에는 320건, 다시 말해 거의 매일 부검을 하는 상황이다.

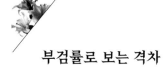

부검률로 보는 격차

부검 요청은 늘었지만, 법의학 교실에서 부검을 진행하는 인정의 ⑱定医)의 숫자는 늘지 않았다. 전국에 있는 법의학 교실은 약 80곳, 그곳에서 일하는 법의학자는 불과 150명 정도다. 이 숫자는 천연기념물로 절멸 위기종에 지정된 '이리오모테살쾡이'의 추정 생식 숫자와 별로 다르지 않다. 일본의 순환기와 소화기 전문의 숫자와 비교하면 100분의 1 정도밖에 사람이 없다. (한국의 전체 부검의는 2018년 10월 기준으로 전국에 딱 59명이며, 그중 대학 소속은 16명이다. ─역자주)

이런 상황이라서 각 행정구역에서 부검하는 대학이 한 군데, 그 대학의 법의학자가 한 명뿐인 곳도 적지 않다. 결과적으로 일본의 부검률은 좀처럼 올라가기 어렵다.

실제로 부검 수는 늘었지만, 행정구역에 따라 부검률에 큰 '격차'가 있는 것도 사실이다.

2015년도 부검률을 살펴보면, 가장 부검률이 높은 가나가와현 39.2%에 비해 최하위인 히로시마현에서는 1.5%밖에 부검이 진행되지 않았다(경찰청 조사). 내가 근무하는 대학이 있는 효고현의 부검률은 33.4%로 가나가와현 다음으로 높다. 하지만 이것은 법의 부검을 실행하는 효고현의 2개 대학 이외에 고베의 감찰 조직에서 매일 많은 수의 감찰의 부검을 진행해서 부검률이 올라간 것이다.

부검률이 낮은 점에만 초점을 맞춰 문제로 삼아서는 안 된다. 현실적으로 부검을 실행할 대학과 법의학자의 숫자를 늘려야 문제가 해결된다. 노동력에는 한계가 있다는 것이 명백하기 때문이다.

실은 의학부에 적을 둔 학생 중에 법의학에 흥미를 보이는 학생이 뜻밖에도 많다.

우리 대학을 시작으로 의학부 대부분이 학생을 일정 기간 임상 계열 이외의 기초 계열 교실로 배속하는 기회를 만들고 있다. 학생들에게 배속 희망을 물어서 정하면, 대체로 법의학으로 배속을 희망하는 학생이 많아진다.

내가 근무하는 대학에서는 성적순으로 배속을 정하고 있다. 법의학 교실로 오는 학생은 대체로 성적이 좋다. 그러나 그들의 대부분은 졸업 후 법의학의 길을 선택하지는 않는다.

학생들은 다른 기초 계열 교실보다 배워야 할 내용이 적고 이해하기 쉽다고 생각하고, 또한 한 번쯤은 법의 부검이라는 것을 봐두고 싶다는 생각에 법의학 교실로 온다. 하지만 결국에는 임상의의 길을 선택한다. 개인의 선택에 불만을 토로할 생각은 전혀 없다. 그러나 법의학이 지닌 사회적 의의를 학생들에게 전하기 어려운 현재 상황도 문제가 있다고 생각한다.

앞으로 세상이 어떻게 변하든 법의 부검이 불필요해질 일은 아마 없으리라 생각한다. 범죄에 휘말려 또는 원인 불명인 채로 변사한 사람의 사인과 상처의 상태 등에 관한 의학적 지식을 가진 전문가는 필요하다.

이런 전문가의 진단이 없으면 우리가 살아갈 사회는 제대로 돌아가기 어려워진다. 법의학에 흥미를 느끼는 젊은 의사의 양성이 시급하다.

경찰의 판단에 따라 달라지는 부검의 종류

그날은 경찰로부터 30대 여성의 부검 요청이 들어왔다. 이번에는 승낙 부검이라고 전해 들어서 이쪽도 약간은 마음이 편했다. 사법 부검과는 달리 경찰이 범죄성이 없다고 판단한 시신이라서 사인을 밝혀내는 것에만 집중하면 된다. 그것도 유족의 승낙을 얻은 승낙 부검이기에 신원과 신변 상황에 관한 정보를 이미 어느 정도 파악한 상태다.

이 여성은 결혼식을 올린 지 불과 2주일, 신혼여행을 마치고 자택에 돌아온 다음 날 급사했다.

남편에 의하면 전날 밤에도 별다른 점은 없었는데 다음 날 아침 일어나보니 아내가 이미 자택 복도에 쓰러져 사망했다고 한다.

여성에게는 지병인 고혈압이 있었다. 하지만 경찰은 도대체 왜 여성이 침실이 아닌 복도에서 쓰러져 사망한 것인지 의심이 들어 남편의 승낙을 얻어 부검을 요청했다.

부검실로 한 발 들어선 순간 부검대에 누워 있는 여성을 보자 위화감이 들었다. 말로는 표현하기 어렵지만 뭔가 부자연스러웠다.

후두부에 작은 타박의 흔적이 있지만, 별달리 눈에 띄는 외상은 없었다. 유일하게 신경 쓰이는 부분은 목덜미 정중앙 부근에 작게 긁힌 상처 2개다.

다시 한 번 여성을 얼굴을 살폈다.

"그거였군……."

나는 처음에 느낀 위화감의 정체를 알아냈다. 여성의 안면이 부자연스러울 정도로 붉었다. 머리와 안면에 혈액이 고여 있는지 명백히 울혈이 있었다. 결막(눈꺼풀 안쪽)을 확인해보니 그곳에도 점점이 빨간 점이 보였다. 이것은 결막 일혈점(점상 출혈)이라고 불리는 것으로, 목을 졸려 급사했을 때 피부와 점막 등에 보이는 점 모양의 출혈을 말한다.

그대로 목에서 가슴, 배의 피부를 절개해서 피하조직의 상태를 확인해보니 목의 좌우 근육 앞쪽에 점상 출혈을 몇 군데 확인할 수 있었다.

이 시점에서 나는 부검을 멈췄다. 승낙 부검으로는 이대로 계속할 수 없다고 판단했기 때문이다. 입회한 경찰관에게 사법 부검 절차를 밟아달라고 전달했다.

우리가 사법 부검을 진행하려면 재판소에서 '감정처분허가장', 흔히 말하는 '영장'이 발행되어야 한다. 영화나 드라마에서 가택 수색 시 경찰이 내미는 영장과 같은 것이다. 범죄성이 있다고 판단하면 그 사건에 대해 시신은 일종의 "증거물"이 되기 때문에 그 증거를 부검하기 위한 허가장이 필요하다. 동시에 경찰이 발행한 '감정촉탁서'를 받는다. 거기에는 사인과 사후 경과 시간 이외에 추정 나이, 독극물 음독 여부 등 경찰이 우리에게 조사를 원하는 내용이 적혀 있다.

목 근육 앞에 몇 개의 점상 출혈을 확인한 시점에서 살인 사건이거나, 적어도 살인 사건을 의심해야만 하는 사안이라고 판단했다. 그렇다면 재판소의 허가 없이 살인 증거인 시신에 이 이상 손을 대는 것은 적당하지 않다.

아내에게 손을 대는 남편

결론을 먼저 말하자면, 이 여성은 경부(頸部, 목)를 양손으로 졸려 질식사했다.

경부 압박은 일본에서 사람을 살해할 때 가장 많이 쓰는 방법이다. 그래서 법의학에서는 경부 압박으로 질식사한 시신에 나타나는 특징에 대해서는 더 자세히 공부한다. 이 여성의 육체에는 그 특징이 몇 가지나 남아 있었다.

안면의 울혈, 결막과 경부 피하조직의 점상 출혈이 그것이다. 얼굴이 붉고 결막에 점상 출혈이 생긴 것만으로는 경부 압박에 의한 질식사로 판단하기는 어렵다. 같은 증상을 보이며 급사하는 질환이 그외에도 꽤 있기 때문이다. 그러나 이 여성의 경우 경부의 피하조직에 목을 압박한 흔적이 남아 있었고, 거기에 혀의 안쪽 부분에도 출혈이 확인되어 더는 다른 것을 생각할 수 없었다.

스스로 자기 목을 졸라 죽는 것은 사실상 불가능하다. 도중에 의식을 잃어 목을 계속 누를 수 없기 때문이다. 그리고 여성의 목덜미에는 긁힌 상처가 있었다. 그것은 가해자가 손으로 목을 졸랐을 때 손가락이나 손톱으로 낸 상처로 추측할 수 있다. 이 병례는 살인 사건, 적어도 살인을 의심해야 하는 사안임에는 의심할 여지가 없었다.

그렇다면 도대체 누가 이제 막 결혼식을 올린 여성을 죽음으로 몰아넣었을까. 믿기 어려운 일이지만, 조사 결과 가해자는 부검을 승낙한 남편 본인으로 판명되었다. 밤에 사소한 일로 말싸움을 시작했고, 결국 울컥해서 아내의 목을 졸랐다고 한다.

경찰은 외부로부터 침입한 흔적도 없고, 그야말로 신혼인데 설마 남편이 아내에게 손을 댔다고는 생각도 못 한 것 같다. 어디까지나 행복한 가정에 닥친 느닷없는 죽음으로 판단해서 승낙 부검을 의뢰한 것이다.

그러나 만일 범인인 남편이 부검을 승낙하지 않고 그대로 화장해 버렸다면 어땠을까? 이 여성의 죽음은 뜻하지 않은 죽음으로 여겨져 사건의 진상은 영원히 어둠 속에 묻혔을 것이다. 살해인지, 뜻밖의 죽음인지, 병사인지. 경찰은 이것을 조사하기 위해 어떤 종류의 부검을 해야 할지 판단한다. 경찰의 판단에 따라 전혀 다른 결과가 생길 가능성도 있다.

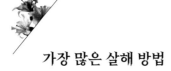

가장 많은 살해 방법

우리 법의학 교실에서 조사한 바에 의하면 살해 방법으로 가장 많았던 것은 '경부 압박'이었다. 자살로 사망한 사람도 그 방법의 약 3분의 1은 '목맴'이었다. 일본에서는 고의적인 '죽음'에 대해 우선은 "목을 압박한다"고 생각하는 사람이 많은 것 같다.

법의학에서는 경부를 압박해서 죽음에 이르게 하는 방법에 대해 셋으로 명확히 분류한다.

① 의경(縊頸, 목맴)
고정한 끈에 자신의 체중을 이용해서 목을 매는 방법

② 교경(絞頸, 끈조름)

밧줄 같은 끈 모양의 물건을 이용해서 목을 졸라 살해하는 방법

③ 액경(縊頸, 손조름)

교경과는 달리 손으로 목을 압박해서 살해하는 방법

의경은 자살 수단으로 자주 사용하는 방법인데, 이 방법으로 사망한 경우 법의학에서는 '의사(縊死)'라고 한다.

이에 비해 교경과 액경은 거의 타살이며, 이 방법으로 살해하는 것을 각각 '교살', '액살'이라고 부른다. 앞에서 설명한 여성 살해 사건도 액살이다.

의경, 교경, 액경 중 하나로 사망한 시신은 대체로 경부에 압박의 흔적이 남아 있다. 밧줄을 사용했다면 피부에 밧줄의 꼬인 자국이 선명하게 남아 있거나, 손으로 목을 조르면 손가락 모양이 그대로 빨갛게 남기도 한다. 이렇게 한 번 생긴 흔적은 시간이 지나도 그대로 남아 죽은 자를 살해한 "흉기"가 무엇이었는지 명확히 알려준다.

여기서 질문을 하나 하고 싶다. 인간은 왜 목을 압박하면 죽을까?

"숨을 쉬지 못하니까 질식해서."

이 답은 맞다.

하지만 목을 압박해서 죽음에 다다르는 메커니즘은 질식보다는 머리, 즉 뇌에 혈액이 전달되지 못하는 영향이 크다.

뇌는 산소 결핍에 취약한 장기다. 몇 분만 산소가 전달되지 못해도 신경세포는 죽어버린다. 뇌에 산소를 운반하는 길은 심장에서 뇌로 향하는 혈관(동맥)이다. 목의 좌우를 손가락으로 만져보면 두근거리는 박동이 느껴진다. 목의 좌우에 1개씩 두꺼운 동맥이 지나간다. 목을 압박하면 이 2개 동맥의 흐름이 완전히는 아니지만 멈춘다. 그래서 뇌에 산소가 전달되지 못해 죽음에 이른다.

좀 더 자세히 설명하자면, 목을 압박당한 주검은 안면이 붉어진다. 목을 압박할 때, 혈액 흐름이 멈추기 쉬운 것은 동맥이 아니고 정맥이다. 동맥의 벽은 두껍게 만들어졌다. 반면 정맥의 벽은 얇다. 정맥은 압박당하면 바로 움푹 들어가 흐름이 멈춘다. 목의 좌우에 있는 2개의 동맥 흐름을 완전히 멈추려면 상당한 힘이 필요하다. 그래서 목을 압박하면 동맥의 흐름은 불완전하더라도 유지되는 한편, 정맥의 흐름은 거의 완전히 멈춘다.

심장에서 뇌로 가는 혈액은 약간이긴 해도 공급되지만, 뇌에서 심장으로 돌아가는 정맥의 흐름은 거의 완전히 멈춘다. 그래서 머리 쪽에 혈액이 고여 얼굴이 붉어진다.

목을 압박당해 질식사한 주검에서는 '입'과 '대소변 관련'에 특징적인 소견이 나타나기 쉬워서 우리는 두 곳을 반드시 확인한다.

　우선 입에 대해 설명하자면, 목을 압박하면 혀의 뿌리 쪽이 강하게 눌려 대개는 혀의 선단이 상하 치아의 위치(치열)보다 앞으로 나온다. 아마도 일본의 거의 모든 법의학 교실에서는 부검할 때 혀끝과 치열의 위치관계에 대해 기록하게 되어 있을 것이다. 혀끝이 치열보다 앞으로 나와 있으면 시신의 발견 상황에 따라 경부 압박을 의심해야 한다. 경부 압박 이외에도 화재사일 때, 그리고 폐렴으로 병사했을 때도 이런 현상은 일어날 수 있다.

　또한, 목 압박으로 질식사한 시신은 때로 대소변의 실금이 확인된다. 경부 압박으로 질식사에 이르는 과정 중에 근육 경련이 일어나고 동시에 교감신경이 자극되어 일어난 혈압 상승과 관련된 현상이다. 대부분의 경우 경찰이 검시를 위해 의류를 벗기기 때문에 부검할 때 시신은 이미 나체 상태다. 시신이 발견되었을 때 실금이 있었는지 확실히 알 수 없는 경우가 많아서 시신 발견 현장에 입회했던 경찰관에게 물어서 기록한다.

약독물 검사의 격차

2014년에 대대적으로 보도되었던 '청산가리 연쇄살인 사건'을 기억하는가? 오사카, 교토, 효고, 나라 4개 행정구역 경찰이 합동으로 수사를 진행했던 청산염에 의한 연쇄살인 의혹 사건으로 교토에 사는 한 여성을 체포했다.

이 여성은 결혼상담소를 통해 알게 된 독신의 고령 남성들에게 연속해서 청산염을 먹여 살해한 용의로 체포되었다. 반려자와 이별 또는 사별로 외롭게 지내는 고령 남성의 고독을 파고든 수법으로 사회의 이목을 모았다.

이 사건이 최초로 발견된 것은 2013년이다. 교토 자택에서 사망한 75세 남성의 사법 부검을 시행한 결과, 그의 위와 혈액에서 치사량이 넘는 청산염이 검출되었다.

그 후, 당시 남성의 아내인 여성의 과거 행적을 조사하니 오사카, 효고 등에서 의문의 죽음을 맞은 고령 남성이 여럿 있었다는 사실이 밝혀졌다. 보도로는 그 숫자가 적어도 8명이나 된다고 한다. 그것도 그중 2명은 효고현 내에 우리 부검 담당 지역에 사는 남성이었다.

이 보도를 봤을 때 등줄기가 얼어붙었다. 나는 지금까지 부검감정서의 사망 원인을 적는 칸에 '청산염 중독'이라고 적었던 기억이 없다. 어쩌면 의문사한 남성을 부검했는데도 청산염 중독이라는 점을 잡아내지 못하고 오진을 내렸는지도 모른다는 생각이 들었다.

다음 날, 대학에 출근해서 서둘러 과거의 부검 기록을 살펴봤지만 사건 피해자를 부검한 기록은 없었다. 다시 말해서, 나의 관할구역에서 사망한 2명의 피해자는 경찰이 법의 부검을 신청하지 않았던 것이다.

아마 경찰은 사망 당시 정황상 사건성이 없다고 판단한 것 같다. '병사'로 처리했을지도 모른다. 주검의 체내에 남아 있을 청산염 중독의 증거는 화장으로 사라져버렸다.

'1994년 첫 피해자가 나왔을 때 제대로 부검만 했더라면…… 그래서 청산염 중독 진단을 받았다면 그 이후에 피해자가 더 이상 나오지는 않았을 텐데…….'

이런 생각이 머리를 스쳤다. 하지만 그 주검이 우리 교실로 실려왔다면 나는 과연 청산염 중독으로 진단을 내릴 수 있었을지 심각히 다시 생각해봤다.

법의 부검에서는 약독물 검사를 많이 한다. 사법 부검에서는 경찰이 조사 의뢰한 리스트 중에 대체로 '약독물 농도'라는 항목이 있다.

약독물 중 '유기인제(有機燐劑, 속칭 농약)'를 마셔 중독사한 주검이라면 눈의 동공이 작아지는 축동(縮瞳) 현상이 보인다. 하지만 그 외의 다른 약의 부작용으로 사망한 경우는 특징적인 부검 소견을 보이는 약독물은 극히 일부다. 그 사람이 약독물을 복용해서 사망했는지는 외표와 장기만 봐서는 진단할 수 없다. 혈액과 소변을 분석해서 실제로 약독물이 검출되지 않는 한, 약독물 중독에 의해 사망했다고 판단하기는 어렵다.

지금까지 중독사 사례의 분석 결과로 많은 약독물의 혈액 중 치사 농도 수치가 밝혀졌다. 부검 시 채취한 혈액을 분석해서 어떤 약독물이 어느 정도 농도로 포함되어 있는지 알아낸다. 그것을 치사 농도와 비교해서 사망 원인과의 관련 여부를 판단한다.

하지만 청산염 검출을 위한 약물 검사는 청산염 중독을 의심하지 않으면 실시하지 않는 아주 특수한 검사다. 그래서 '청산염 중독'은 진단이 무척 어렵다. 1950년대 정도까지는 공업용으로 사용하던 청산염을 쉽게 손에 넣을 수 있어서 자살 수단으로 자주 사용했다고 들었다. 하지만 현재에는 자살에 사용하는 일이 거의 없다. 나도 청산염 중독으로 사망한 주검을 부검한 경험이 지금까지 한 번도 없다. 특별히 의심 가는 부분이 있어 "일부러" 조사하지 않으면 청산염 중독 진단은 어려운 실정이다.

일반적으로 우리는 약독물에 의한 사망을 의심하면 시신의 혈액, 소변, 위장에 남아 있는 내용물을 사용해서 검사한다. 최근에는 1대에 1,000만 엔 이상 하는 질량분석기를 사용해 내용물의 성분 종류와 함량을 분석 확인한다. 약물의 종류에 따라 질량분석기가 아닌 가스 크로마토그래피(Gas chromatography, 기화하기 쉬운 화합물의 종류나 농도를 조사하기 위해 사용하는 장치)로 분석하기도 한다.

질량분석기로는 각성제와 수면제 성분 등 일본에서 비교적 자주 검출되는 약물을 조사한다. 다만, 비싼 기기라서 일본의 모든 법의학 교실에 도입되어 있지는 않다.

우리도 이 기기를 도입한 것이 불과 몇 년 전이다. 우리 교실에서는 사법 부검은 전부 질량분석기를 사용한 약물 검사를 시행한다. 하지만 그 이외의 부검은 비용과 분석 인원의 사정에 맞춰 적용하며, 모든 사례에 시행하지는 않는다.

교토의 사건에서는 아마도 청산염 중독을 의심할만한 "무언가"가 있었을 것이다. 예를 들어, 통상적으로 위장은 위산에 의해 산성이 된다. 하지만 청산염은 수용액과 결합하면 강한 알칼리성을 나타낸다. 그래서 구토물이 강한 알칼리성을 보일 때가 있다. 또한, 저체온에 의한 동사 때와 마찬가지로 혈액 색에 변화가 있다. 청산염에 중독되면 혈액의 헤모글로빈이 청산염에 포함된 시안화합물과 아주 강하게 결합해서 혈액이 선홍색이 된다. 시신이 보여주는 현상을 통해 청산염 중독에 대한 "가능성"을 담당 법의학자는 놓치지 않은 것이다.

만일 청산염 중독의 가능성을 눈치채지 못했어도 부검만이라도 했다면 사건 조사의 범위는 달라졌을지도 모른다. 부검을 담당한 대학에서는 부검 당시 채취한 혈액을 대부분 보존한다.

"청산염에 의한 연쇄살인 사건 살인 용의로 재체포된 용의자(68세)와 과거 교제 중 사망했던 남성의 부검 증거 보존물을 재조사한 결과 위장 내용물에서 청산염 반응이 나온 것이 조사 관계자 취재로 드러났다. 입안과 식도에 청산염으로 헐어 벗겨진 곳은 없었고, 남성이 오토바이를 몇 분 동안 운전한 후에 전도되었다는 정황으로 미뤄 청산염은 캡슐에 넣은 상태로 이용되었을 가능성이 높다. 오사카 경찰은 오토바이가 전도되기 몇 분 전, 용의자는 준비한 청산염을 먹였을 것이라는 견해를 보였다.

조사 관계자에 의하면 교제했던 무직 ○○씨(당시 71세, 오사카

가이즈카)는 2012년 3월 9일 저녁, 오사카 이즈미사노에서 오토바이를 운전하던 중 전도되어 병원으로 이송 후 사망했다. 당시 사법 부검한 대학에 보존해놓았던 혈액에서 치사량 2배의 청산염이 검출되었다. 위장 속 내용물에도 남아 있었다."(2015년 1월 31일 마이니치 신문)

용의자인 여성에게 2012년에 살해당했다고 의심되는 남성은 당시 부검에서 '돌발성 심장정지로 인한 병사'로 진단을 받았다. 하지만 교토 사건의 결과를 보고 보존하던 혈액을 재감정해본 결과, 치사량의 2배가 넘는 청산염이 검출되었다. 혈액만 남아 있으면 부검 후에 상당한 시간이 지나더라도 사건 검사를 진행할 수 있다.

그러나 우리 관할구역에서 사망한 사람도 마찬가지지만 부검하지 않았던 시신도 있다. 이에 대해서는 재감정할 혈액도 남아 있지 않아서 청산염 중독에 의한 사망 여부를 확인할 길은 없다.

결국, 여성이 기소된 것은 4명의 살인 용의에 그쳤다. 경찰은 나머지 4명의 건에 대해서는 "병사로 인정된 사인에 대해, 당시의 기록 등을 조사했지만 약물 중독을 증명할 증거는 없었다"(2015년 11월 6일 요미우리신문)라는 결론을 내려, 4명에 대한 살인 용의는 불기소 처분하고 조사를 종료했다.

2015년 11월 교토와 오사카 등에서 발생한 청산염에 의한 연쇄살인 사건을 발단으로 경찰청은 2016년도부터 경찰이 다루는 거의 모든 시신에 대해 약독물 검사를 시행하는 방침을 세웠다고 각 신문에서 보도했다. 현재는 채집한 혈액에 청산염 등의 독물이 포함되어 있는지를 조사하는 검사용품 세트가 전국의 경찰서에 배치되어 있다.

"첫 번째" 사례가 되면 규명 자체가 어렵다. 하지만 그 후 첫 번째 사례는 참고 사례로 공유되고 때로는 부검 제도 그 자체에 변화를 주기도 한다.

위장 내용물에서 알 수 있는 것들

이번에는 법의 부검에서 시행하는 위장 내용물 검사에 대해 설명하려고 한다.

만일 당신이 위가 아픈 것 같아서 병원에 갔다면 일반적으로 의사는 위 점막 상태를 진료한다. 궤양이나 암이 생겼는지 내시경 등을 사용해서 위의 점막 상태를 관찰한다.

우리 법의학자도 위장의 점막을 보지 않는 것은 아니다. 진통제를 먹은 후 위 점막의 급성 출혈로 사망한 시신을 부검한 경험도 있다. 이때는 위의 점막상에 출혈을 일으킨 혈관을 확인했다. 또한, 모든 사람에게 확인할 수 있는 것은 아니지만, 저체온으로 동사한 시신에서는 위 점막에 특징적인 출혈이 보일 때가 있다. 이것은 '표범 무늬'

라고 부르는 출혈로, 동사 이외에서는 거의 본 적이 없다. 이처럼 위 점막을 관찰하면 사인 진단에 도움이 되는 사례가 있다.

그러나 우리가 가장 주목하는 것은 위 점막보다는 위에 들어 있는 물질, 다시 말해서 내용물이다. 어떤 것이 얼마 정도 들어 있는지, 음식이라면 어떤 것이 얼마큼 소화되어 있는지 이런 조사로 최후의 식사로부터 사망까지 걸린 시간을 추정한다.

위장 내용물의 소화 정도를 파악하기에는 밥알이 가장 좋다. 어디까지나 추정치지만 부검 기록에 밥알이 어느 정도 소화되었는지를 알아볼 수 있도록 밥알의 경도, 위장에서의 위치 등을 기록한다.

위장은 십이지장, 췌장과 함께 붙은 채로 몸에서 꺼낸다. 관찰용 테이블 위에 놓은 후 위장의 일부를 가위로 잘라 사진 촬영을 한다. 그 후 위 속에 들어 있는 것을 금속제 국자로 전부 떠내어 비커에 담아 내용물의 양을 기록한다. 내용물이 700cc 정도라면 상당히 많은 편에 속한다.

약을 다량으로 먹고 자살한 사람이라면 위 속에 알약이 여러 알 보이기도 한다. 복용하는 약의 종류에 따라 다르긴 하지만 일반적으로 병원 처방 약은 대부분 아주 다량으로 복용하지 않으면 중독량에 달하지 않는다. 위 속에 100개 이상의 알약, 혹은 흰 가루가 되어버린 약제가 사람 주먹만한 크기로 뭉쳐 있을 때도 있다. 위장의 내용물을 분석하면 어떤 약을 먹었는지, 그 약이 사망 원인인지, 어디서 구했는지 등을 조사할 수 있다.

예전에 부검한 시신의 위장 속에서 빈 PTP 포장(정제를 개별로 보관하는 알루미늄이나 플라스틱 재질로 된 포장)이 나온 적이 있다. 치매인 고령 남성으로 기억하는데, 처방된 약을 포장 채로 먹어버린 것이다.

잘못 먹어버린 PTP 포장이 그대로 배설되었다면 단순한 실수로 끝났겠지만, 이 남성의 사인은 흉강 내 '농양'이다. 농양이란 고름을 말한다. 아무래도 포장의 뾰족한 부분이 식도 점막을 찌른 것 같다. 그 상태에서 음식물을 넘길 때, 포장 선단이 식도 점막에 구멍을 내고 만 것이다.

식도의 내측(점막이 있는 쪽)은 입과 연결되어 있다. 몸의 외측과 연결되어 있다는 소리다. 그래서 실은 세균이 가득하다. 식도 외측은 심장과 폐가 있는 흉강이다. 흉강은 본래 무균상태의 공간이지만 어쩌다 식도에 구멍이 나면 흉강에 세균이 퍼진다.

이 남성의 경우 중증도 감염증으로 사망했다. 부검했을 때 발견한 PTP 포장이 식도 점막에 상처를 내서 흉강에 잡균이 퍼졌을 가능성이 있다. 다만 사망 원인이 될 정도로 흉강 내에 고름이 차려면 며칠이 필요하다. 어쩌면 그 이전에도 같은 PTP 포장을 넘겨 식도 점막에 이미 상처가 났을 가능성도 있어서 단언은 할 수 없다.

위장이라는 장기 단 하나에도 다양한 "사인(sign)"이 숨어 있다. 우리는 그 하나하나를 확인해서 사인을 밝히는 일을 한다.

5

부검실에서

첫 부검

나도 이제는 부검대 앞에 서도 어느 정도 마음의 여유를 갖고 주검과 마주할 수 있게 되었다. 하지만 이 일을 시작했을 무렵에는 외워야 할 것들이 산더미 같아서 매일 부검과 공부에 쫓겨 지냈다. 교과서에 있는 지식을 완전히 체화하려면, 그 나름의 경험이 필요하다.

'격차'에서 조금 벗어나겠지만, 이번 장에서는 법의학 교실의 일상을 전하려고 한다. 상당히 특수한 일에 종사하는 우리가 매일매일 무슨 생각을 하며 일하고 있는지 알리는 것이 결국에는 이 책을 통해 전하려는 '죽음과 격차'라는 문제의식과 연결된다고 생각하기 때문이다.

이미 설명했지만, 우리 법의학 교실에는 보통의 병원처럼 갑자기 응급 환자가 실려오는 일은 없다. 경찰로부터 연락이 오는 시점에 이미 어느 정도 다음에 실려올 시신에 대한 정보를 받는다. 그래서 젊었을 때는 부검실에 들어가기 전에 교과서와 전문서를 다시 넘겨보고 가능성 있는 사인의 특징을 확인하는 일을 곧잘 했었다.

그럼에도 지금까지 한 번밖에 접하지 못한 희귀한 사례를 경험한 적도 있다.

법의학 교실에서 일을 시작한 지 아직 얼마 되지 않았을 때의 일이다. 그날 실려오기로 한 시신은 산부인과에서 출산 중에 급사한 20대 여성이었다. 담당한 산부인과 의사는 '병사'로 적은 사망진단서를 발행했다. 하지만 유족은 출산 중에 병원 측의 실수 여부를 의심했고, 최종적으로 승낙 부검을 하게 되었다.

여성의 부검은 당시 나의 상사였던 교수가 진행했고, 나는 부검 보조로 입회했다. 부검 전에 '출산 직후의 급사'라는 키워드로 산부인과 책을 필사적으로 다시 읽어봤다. 애초에 출산과 관련한 사망 사례가 처음이기도 해서 어떤 사인일지, 무엇을 조사해야만 하는지, 놓치면 안 되는 포인트는 무엇인지 이런 고민으로 상당히 긴장해 있었다.

산부인과 의사가 내린 사인은 '양수 색전증'이었다. 어떤 계기로 자궁 내의 양수가 모체의 혈관으로 들어가 양수에 포함된 성분이 폐 등의 장기를 막아 몸에 위험을 부르는 증상이다.

'색전'이란 혈관 내의 혈액의 흐름을 방해하는 이물질을 말한다. 양수에 들어 있던 아기의 털이나 머리카락, 피부세포, 대변, 소변 등 태아의 성분이 모체의 혈관을 막아버린 것이다. 분만 중 또는 분만 직후에 드물게 일어나며, 심하면 호흡 중지와 심장정지와 같은 심각한 증상을 일으키기도 한다.

결국, 이 여성의 사인은 애초의 진단대로 '양수 색전증'이 분명했다. 해부 후 폐 등의 장기를 현미경으로 검사하니, 가느다란 혈관 안을 태아의 털과 피부세포가 꽉 메우고 있었다. 이것 때문에 여성은 사망한 것이다. 안타깝게도 모친은 그야말로 목숨을 바쳐 아기를 낳았다.

이 부검 사례는 당시 나의 상사였던 교수도 과거에 1건만 경험이 있었다고 한다. 법의학 교실에 실려오는 시신은 모두 같은 '변사체'지만, 그 사인은 전부 다 다르다.

오구치 병원의 독극물 링거 사건

이제는 시작했을 무렵처럼 긴장에 떨면서 부검실로 들어가는 일은 없어졌다. 몇백, 몇천의 시신과 마주하면서 대개의 사례는 전부 경험했다는 생각 때문이다. 그렇다고 하더라도 마음 어딘가에 생각지도 못한 시신이 실려올지도 모른다는 긴장감만은 잃지 않고 있다.

2016년 9월 가나가와현 요코하마에 있는 오구치 병원에서 고령의 입원 환자 2명이 링거 주사 이물질 혼입으로 살해된 사건이 발생했다.

이 사건에서 링거 주사에 혼입된 것은 '벤잘코늄클로라이드'로, 의료용 소독제에 사용하는 계면활성제, 다시 말해서 비누 성분이었다.

이 성분이 환자를 죽음에 이르게 했다.

사망 원인이 투여한 독물에 의한 것인지는 과거에 같은 종류의 사례가 없는 경우 판단이 어렵다. 사망한 사람의 혈액을 전용 분석 장치에 돌려 의심되는 약물이 혈액 중에 어느 정도의 농도에 달했는지, 과거에 보고된 치사량에 달했는지, 사인이 될 수 있는지를 진단할 필요가 있다. 이전에 같은 사례가 있다 하더라도 이번에 실제 검출한 농도를 모른다면 진단은 쉽지 않다.

오구치 병원의 사례도 '벤잘코늄클로라이드에 의한 중독사'라는 진짜 사인을 놓쳐도 이상하지 않은 상황이라 생각한다. 실제로 벤잘코늄클로라이드 투여로 사망한 두 환자가 발생하기 전, 같은 해 7~9월에 걸쳐 오구치 병원에서 48명의 환자가 사망했다.

이 중 몇 명이 '병사'이며, 몇 명이 '중독사'였는지 전혀 알 수 없다. 다만 어느 쪽이든 이미 사망진단서가 수리되어 화장했다면 사망한 사람의 혈액은 남아 있지 않다. 혈액 중의 약물 농도를 측정할 수 없다면 이물질 투여와 사망과의 인과관계를 증명하기 어렵다.

사람이 죽으면 유족에게 '사망진단서'를 발행한다. 유족이 사망진단서를 관공서에 제출하면 고인의 호적이 말살되고 동시에 시신의 화장·매장을 위한 허가증이 발행된다. 사망진단서는 의사 또는 치과 의사(단, 치과 의사는 '부검감정서'를 발행할 수 없다)만 발행할 수 있다는 규정이 있다.

실은 이번 사건의 경우 생각해야 할 점이 한 가지 더 있다.

수많은 사망자가 나온 오구치 병원 4층은 종말기 의료를 행하는 병동이기도 하다. 고령자라면 심근경색이나 뇌출혈이 발병할 우려도 크다. 관계자는 연이어 돌연사가 발생한 점에 다소 위화감을 느끼지만, 병동의 특성상 어쩐지 이해하고 만다. 더구나 병원이라는 장소에서 누군가가 살해를 목적으로 독물을 혼입했을 가능성을 상정하는 것 자체가 무척 어려운 일이다.

이 책을 쓰고 있는 2017년 1월 시점에서 아직 범인은 잡지 못했다. 만일 이후 경찰의 조사로 범인이 체포되고 자백으로 앞서 사망한 48명 중 몇 명에게 독물을 투여했는지가 판명되더라도 사망한 사람의 부검이 이루어지지 않은 상태로는 약물 투여가 사인에 어느 정도 영향을 줬는지 진단하는 것은 상당히 어렵다.

나는 법의학자의 입장에서 사건의 전개를 지켜보고 있다.

(용의자는 구보키 아유미[31세]로 해당 병원의 간호사였으며, 2018년 7월 7일 체포되었다. 본인의 자백으로는 약 20명의 환자의 링거에 소독액을 주사했다고 진술했으나, 증거를 찾지 못해 다른 환자의 건은 기소하지 못했다. 1명이 더 추가된 3명의 살인 혐의와 소독액을 주사해서 준비해놓은 5명분의 링거액을 증거로 살인 준비 혐의가 추가되어 2018년 12월 7일 기소되었다. -역자주)

'원인 불상'이 된 죽음의 의미

이전 장에서 부검을 끝낸 후 우리가 경찰에게 부검감정서를 발행한다고 말했다. 사망진단서와 부검감정서에는 차이가 있다. 사망진단서는 병원과 재택 의료 등에 의해 의사가 '병사'라고 명확하게 진단한 경우에 발행한다. 그에 비해 부검감정서는 '돌연사'와 '외인사(교통사고 포함)', 다시 말해서 병사 이외의 사망 가능성이 의심될 때 발행한다.

양자 모두 사망한 사람의 호적 말소와 화장·매장 허가를 위해 필요한 서류다. 청산염 연쇄살인 사건과 링거 주사 연쇄중독사 사건의 사례처럼 '병사'로 사망진단서를 발행해서 시신이 바로 화장되어 살해의 증거가 사라지는 경우도 생긴다.

나는 이 두 가지 서류가 의사의 길을 걷는 사람에게 아주 중요한 서류라고 생각한다. 그래서 내가 지도하는 의대생들에게는 이 서류를 쓰는 법을 매년 특별히 신경 써서 가르치고 있다.

살면서 부검감정서(사망진단서도 같은 양식을 쓴다)를 본 적이 있는 사람은 어느 정도일까. 부검감정서에는 이름, 성별, 생년월일 이외에 다음과 같은 항목을 적어야 한다.

◎ 사망 시각

◎ 사망 장소의 종류(병원, 진료소, 노인 보건시설, 조산원, 요양원, 자택, 그 외)

◎ 사망 원인(직접 사인, 그 원인, 부검 시 중요 소견 등)

◎ 사인의 종류(병사 또는 자연사, 교통사고, 전도·전락, 익수, 연기·화재 및 화염에 의한 상해, 질식, 중독, 그 외, 자살, 타살, 그 외 또는 불상의 외인, 불상의 죽음)

◎ 외인사의 추가 항목(상해가 발생한 일시, 장소 등)

그중에도 내가 "절대 틀려서는 안 되는 항목"으로 생각하는 것이 '사망의 원인'과 '사인의 종류'다. 최대한 열심히 성실하게 부검을 해도 알 수 없을 때가 있다. 그럴 경우 나는 확실하지 않은 정보를 기재해서 잘못된 판단을 내리기보다는 '불상'으로 적어야 한다고 생각한다.

우리가 진단한 결과에 따라 타살 사건이 단순 사고로 바뀔지도 모른다. 그에 따라 사망한 본인과 그 유족은 물론이고 새로운 제삼자에게도 커다란 영향을 준다. 그래서 '맞게 쓰는 것'보다는 '틀리지 않는 것'에 중심을 놓고 쓰는 것이 더욱 중요하다.

부검감정서에 담은 마음

한편으로 부검감정서는 우리 법의학자의 재량으로 "쓰는 방법"에 융통성을 둘 수 있다.

40대 여성이 시간제 야간 근무를 마치고 자전거로 귀가하던 중 사거리에서 신호를 무시하고 맹렬한 속도로 달려든 자동차와 충돌해서 그 자리에서 사망했다.

교통사고 사망자 모두가 부검 대상이 되는 것은 아니다. 뺑소니 사건이나, 피해자가 복수의 차량에 치인 의심이 있거나, 자신이 일으킨 단독 사고라도 뇌출혈이나 심근경색 등의 병에 의한 사망인지 사고로 인한 외상에 의한 사망인지 알 수 없을 때 경찰로부터 의뢰가 들어온다.

이 여성의 경우 가해자가 차량을 버리고 그대로 도주했다. 뺑소니 사건이라서 부검을 하게 되었다. 통상적으로 뺑소니 사건은 '피의자 미상의 과실운전치사 도로교통법 위반 피의 사건'으로, 사법 부검으로 부검한다.

교통사고 시신은 외상 숫자가 많아 부검에 상당한 시간이 걸린다. 여성도 전신 외피에 상처가 많았고 늑골에는 전부 20군데 가까운 골절이 있었다. 거기에 폐가 크게 손상이 되어 흉강 내에는 혈액이 500cc 가까이 고여 있었다.

사인은 '늑골 다발 골절에 의한 실혈사'였다.

부검감정서의 '사망 원인' 칸에는 다시 4개의 칸이 준비되어 있다. 우선은 '직접 사인', 문자 그대로 사망에 이른 직접적인 사인을 적는다. 이하의 칸은 그 '직접 사인'을 일으키게 된 원인, 거기에 그 '원인을 일으킨 원인'과 같은 식으로 순서대로 거슬러 올라 적는다.

이 여성의 경우 '직접 사인'은 '실혈사'다. 그 원인은 '늑골 다발 골절'이다. '늑골 다발 골절'의 원인은 '흉부 타격'으로, 그 원인은 '차량과의 충돌'이다. 내가 이렇게 적어넣자, 당시의 "스승"이 '차량과의 충돌' 부분을 다시 고쳐줬다.

'폭주 자동차와의 충돌'

나는 순간 충격을 받았다.

교통사고라고 하더라도 그 원인은 다양하다. 피할 수 없이 일순간에 일어난 사고도 있지만, 운전자의 부주의나 태만에 의한 '타살 같은 사고'도 존재한다. 사망한 여성은 교통규칙을 확실히 지켜 신호등이 파란불로 바뀐 후 건넜다. 하룻밤 내내 일하고 분명 피곤했을 것이다. '이제야 잘 수 있겠다!'라며 천천히 자전거 페달을 돌려 집으로 향했을지도 모른다.

충돌해온 차량은 명백히 신호를 무시하고, 더구나 속도도 줄이지 않은 채 사거리로 진입했다. 운전자는 그 여성을 친 후에 구조도 하지 않고 차량을 버리고 사라졌다.

이것이 서로 피할 수 없었던 불가항력의 '사고'라고 말할 수 있을까.

부검감정서의 '사인의 종류'에 '교통사고'라고 적더라도 여성에게 잘못이 없었다는 사실을 남기고 싶다. "스승"은 부검감정서에 '폭주 자동차와의 충돌'이라고 적는 것으로 소소하지만, 유족의 풀리지 않는 슬픈 마음을 위로하려 했다.

마찬가지로 우리는 부검감정서에 경찰에게 일종의 메시지를 담기도 한다. 예를 들어, 같은 '일산화탄소 중독'에 의한 사망이라도 '사인의 종류'를 '자살'로 할지, '그 외 또는 불상의 외인'으로 할지에 따라 의미가 완전히 달라진다. 사인의 종류가 '그 외 또는 불상의 외인'은 외인사 중에서 자살인지, 타살인지, 또는 예기치 못한 사고에 의한 사망인지 구별이 안 될 때 선택한다. 부검으로는 판단하지 못했지만, 의혹이 남는 일이 자주 있다.

만일 그런 때에 우리가 '사인의 종류'를 '병사'나 '자살'로 적으면 대부분은 사건성이 없다고 판단하고 그것으로 수사를 종료한다. 하지만 굳이 '그 외 또는 불상의 외인'이나 '불상의 죽음(병사인지 외인사인지 구별이 안 될 때 선택한다)'으로 적는 것은 '부검 결과만으로는 자살인지 병사인지 결정할 수 없으므로 좀 더 자세한 조사가 필요하다'는 바람을 담은 것이다.

현장의 경찰관들은 늘 몇 건 이상의 사건을 맡아 진행해서 매일 바쁘다. 하지만 그래서 더욱 한 사람 한 사람의 피해자에게 최대한의 주의를 기울이길 바란다는, 그런 우리의 마음을 부검감정서를 통해 조금이라도 전달하려 한다.

부검감정서는 유족에게 직접 전달하기도 한다. 사망보험금을 받을 때 제출해야 하는 서류라 가끔은 우리에게 직접 발행 의뢰를 하기 때문이다.

그런 때 원칙적으로 부검감정서 발행이 허가되는 것은 오직 시신을 인수하러 왔던 인물, 또는 그 인물에게 위임받은 사람이다.

하지만 이것이 생각지도 못한 문제를 일으키기도 한다.

한번은 고인의 유족에게 어떤 특정한 여성에게는 '부검감정서를 발행하지 말아 달라'는 연락이 왔다. 그 여성은 고인의 내연녀이며, 아마도 고인이 가입한 생명보험의 수령자라서 부검감정서가 필요했던 것 같다. 이처럼 사망 후 고인 주변에 생명보험을 둘러싼 문제가 발생하는 일은 적지 않다.

또 한번은 어떤 남성을 부검했는데, 그 남성이 일하던 회사의 상사가 우리 법의학 교실까지 직접 부검감정서를 받으러 온 적도 있었다.

부검 후 한참이 지나고 나서 자신을 상사라고 말하는 인물이 대학까지 와서 남성의 부검감정서를 요구해왔다. 그때는 유족이 아니라는 이유로 발행을 거절했지만, 놀랍게도 나중에 그 상사가 범인으로 체포되었다. 사망한 남성에게는 근무처가 수령인인 보험금이 있었다고 한다. 경찰에게 그 이야기를 들었을 때, '판단이 틀리지 않아 다행이다!'라며 내심 가슴을 쓸어내린 기억이 있다.

법의학자의 일상

내가 일하는 곳은 '부검실', 즉 해부를 하는 곳이다. 법의학자 이외에 이런 장소에서 일하는 사람은 거의 없을 것 같다.

부검실 중앙에 놓인 부검대는 우리가 부검을 위해 시신을 올려놓는 곳이다. 부검할 때는, 부검감정서에 문자로도 기록하지만, 부검대 위에 있는 시신을 디지털카메라로 찍어 영상 형태로도 남겨놓는다.

사법 부검은 사례에 따라서는 부검 결과를 재판 자료로 사용한다. 그래서 사진 기록이 반드시 필요하다. 몸 표면에 남아 있는 상처와 흔적, 그리고 부검 중에 중요한 소견이 있다면 그때마다 촬영해서 기록한다.

내가 처음에 근무했던 법의학 교실의 부검대는 대리석으로 되어 있었다. 아마 한 장의 대리석을 깎아 만든 것으로 보이며, 값이 상당할 것으로 짐작한다.

부검 중 기록 사진을 촬영할 때, 대리석 부검대는 상당히 우수한 자질을 보여준다. 묘한 이야기지만 사진이 깔끔하게 찍힌다. 현재 근무하는 곳의 부검대는 스테인리스 재질이다. 높이 조절이 쉽고 부검 후 세정이 간편해서 스테인리스 재질이 사용하기 더 좋다. 다만 사진만큼은 대리석 부검대를 따라가지 못한다. 스테인리스는 아무래도 플래시 빛이 반사되기 때문이다.

대리석 부검대에는 잊지 못할 기억이 있다.

법의학 교실의 신입으로 앞뒤도 분간하지 못하던 시절, "스승"이 갑자기 뜬금없는 이야기를 꺼냈다.

"니시오 군! 자네가 부검대 위에 올라가 몇 번 쿵쿵 뛰어보는 건 어떤가."

대리석 부검대는 오랜 세월 혹독하게 사용한 결과인지 부검대를 지탱하는 금속제 다리가 일부 삭아 있었다. 다리만 부러지면 새 부검대를 살 수 있다.

물론 부검대 위에 올라가진 않았다. 그런데 다른 일을 계기로 순식간에 부검대가 새것으로 바뀌었다.

어느 해 정월, 화재 현장에서 4명의 시신이 발견되었다. 화재 현장에서 발견한 시신에 대해서는 화재 발생 시의 상황을 확실히 파악한 경우를 제외하고 원칙적으로 모두 사법 부검을 한다. 화재 발생 당시에 살아 있는 상태였는지 여부는 외표만 봐서는 판단이 어렵기 때문이다.

그날은 하루에 4명을 연이어 부검했다. 부검 중에는 잘 못 느꼈는데 나중에 서서히 엉덩이 부근이 아파지더니, 며칠이 지난 아침에 잠자리에서 일어나려는 순간 극심한 요통이 덮쳐왔다. 대학의 정형외과에서 MRI로 검사를 받았다. 검사한 의사는 "아픈 위치의 추간판이 삐져나왔다"고 했다.

'요추 추간판 탈출증(허리 디스크)'이었다.

이유는 이미 안다. 실은 나는 키가 큰 편이다. 오래된 대리석 부검대는 높이 조절이 안 되어서 장시간 구부린 자세로 부검을 시행한다. 시신을 들어 올리거나 움직여야 하는 일도 있어서 평소에 혹사당하던 허리가 비명을 지른 것이다. 하지만 전화위복이라고나 할까. 이것이 학내 위원회에 문제가 제기되어 앞에서 말한 대리석 부검대는 승강식으로 높이 조절이 가능한 스테인리스제 신제품으로 바로 교체되었다.

없어도 살아갈 수 있는 장기

부검대에서 장기를 꺼낸 후 우리는 장기를 잘라 세세히 관찰한다. 법의 부검에서는 원칙적으로 두개강(頭蓋腔), 흉강, 복강을 전부 열어 체내의 장기를 꺼내 구석구석 빠짐없이 관찰한다. 내가 뇌, 심장, 폐와 같은 장기를 통째로 "손 위에 올린" 횟수는 웬만한 외과 의사들보다 많을지도 모른다. 이런 경력을 내세우고 싶다는 것은 아니다. 다만 이렇게 매일 인간의 장기를 접하다 보면 각각의 장기가 자신의 역할을 다해줘서 인간이 살아 있다는 것을 실감하게 된다.

예를 들어, 인간은 뇌를 꺼내면 반드시 사망한다. 심장도 인공심장으로 대체하지 않는 한 꺼내면 역시 죽는다. 이것은 역으로 인간의 '삶'에 뇌와 심장이 얼마나 중요한지를 알려준다.

한편으로 살아 있는 육체에서 꺼내도 인간이 죽지 않는 장기도 있다. 예를 들어, 비장이 그렇다. 인간의 주먹 정도의 크기로 몸의 좌측 등 쪽에 위치하며, 오래된 혈구를 파괴한다고 알려진 장기다. 하지만 이것은 어쩌다 수술 등으로 제거하더라도 죽지는 않는다. 또한, 식도, 위, 대장도 암 수술 등의 이유로 일부 또는 전부를 제거해도 일반적으로 인간은 죽지 않는다. 물론 불쾌한 증상을 동반하기는 하지만 수술 및 수술 후의 적절한 처치가 시행되면 생명에는 문제가 없다.

그런 점에서 소장은 그리 간단하지 않다. 대장은 수분을 흡수하는 곳이라 혹시 전부 잘라내도 물과 같은 변이 나오는 것뿐이다. 하지만 소장을 잘라내면 영양분 흡수를 못 해서 생명 유지에 지장을 준다.

신장과 폐는 좌우에 1개씩 2개 있다. 1개가 없어도 기본적으로 살아갈 수 있다. 각각의 신장 위쪽에 작게 붙어 있는 부신(副腎)이라는 장기는 다양한 호르몬을 분비하는데, 이것도 마찬가지로 1개만 있어도 된다. 그러나 혈액 중에 호르몬을 분비해서 대사를 조절하는 갑상샘과 혈당을 내리는 인슐린이라는 호르몬을 분비하는 췌장은 눈에 띄지는 않지만 중요한 역할을 맡고 있다. 잘라내면 호르몬 보충을 하지 않는 한 생명 유지가 어렵다.

우리 법의학 교실에 실려온 시신 중에는 가난하게 살다 사망한 사람도 적지 않다.

집의 전기와 수도가 끊기고, 제대로 먹지도 못한 것으로 보인다. 외견만 보면 한동안 씻지도 못하고 상당히 마른 상태다. 풍족하게 지내지 못했다는 것을 바로 알 수 있다. 그러나 가슴과 배를 절개했을 때, 눈에 들어오는 그들의 장기는 몇십 년이나 사용해왔다고 생각 못할 정도로 아주 깨끗하다.

한편으로 풍족한 식생활을 한 사람은 외표는 깨끗하고 피부에 때가 끼는 일도 없다. 그러나 속을 들여다보면 내장에는 내장지방이 잔뜩 낀 사람이 있다. 장과 신장 주변은 물론이고 위장과 심장까지도 노란색 지방이 표면에 진득하게 붙어 있기도 하다. 그중에는 그 두꺼운 지방 탓에 심근경색이 일어나 깨어나지 못한 사례도 있다.

결핵 감염의 공포

장기를 전부 꺼내 부검하는 배경에는 '있을 수 있는 모든 가능성을 조사한다'는 첫 번째 목적이 있다. 하지만 그 외에 실려온 사람들의 '생전의 정보를 거의 얻을 수 없다'는 사정도 있다. 이것은 감염증에 대해서도 마찬가지다. 사전에 해당 정보를 얻지 못하는 법의 부검은 다른 부검보다 시신으로부터 세균이나 바이러스에 감염될 위험성이 높다.

우리 법의학 교실의 2015년 부검 사례의 약 10%가 신원 미상자일 정도로 원래 신원 미상자도 상당수 실려온다. 그 사람이 어떤 병원미생물에 감염되어 있는지 정보가 없는 채 부검하는 일도 드물지 않다.

그중에 가장 무서운 것이 '결핵'이다.

결핵은 공기를 통해 감염되기 때문에 상당한 주의가 필요하다. 부검 대상은 전부 '숨을 쉬지 않는'다. 그러나 부검 중 폐를 꺼내거나 자르다가 결핵균이 공기 중으로 퍼져 그것을 흡입하면 감염은 성립된다.

법의 부검 현장에 있던 의사들과 경찰관이 결핵에 걸린 사고가 발생했다는 보고를 들었다. 부검 대상이 결핵에 걸린 사람이었다. 물론 감염된 의사들은 부검 대상이 결핵에 걸렸다는 정보 없이 부검에 들어갔다.

최근에는 법의학 교실에도 서서히 CT가 도입되어 부검 전에 CT 촬영을 하면 결핵 감염을 어느 정도는 진단할 수 있다. 그러나 그것으로 모든 결핵 감염을 파악할 수 있다고는 생각하지 않는다.

우리 대학에서는 부검실 아주 잘 보이는 곳에 '이수하면 결핵을 의심하라!'라고 크게 적은 종이를 붙여놓았다. 이수란 한자는 '羸瘦'라고 쓰며, 체중이 표준보다 20% 이상 모자란 극단으로 마른 사람을 말한다. '이수'한 시신은 우선 결핵 감염을 의심해야 한다. 가슴과 배를 절개한 다음에는 늦다. 그 이전부터 세심한 주의가 필요하다.

우리 법의학 교실은 부검실에 들어오는 전원이 마스크를 써야 한다. 결핵 전문 병동이 있는 병원에서 사용하는 감염 방어 대책용 특수 마스크다.

결핵이라고 하면 "옛날 전염병"이라는 이미지가 있을지도 모른다. 하지만 2015년에 일본에서 결핵으로 사망한 사람은 1,955명이며, 같은 해 결핵 감염 "신규 환자" 숫자는 1만 8,280명으로 절대 적은 숫자가 아니다. 전년도보다는 감소했지만, 일본의 결핵 발생률은 인구 10만 명당 14.4명으로 다른 선진국이 결핵 저(低) 만연국 수준인 10명으로 낮아진 것에 비해 일본은 아직 주의해야 할 질환 중 하나다. (2017년 기준 세계보건기구 발표에 의하면 한국의 결핵 발병률은 인구 10만 명당 70명으로 2위 라트비아 32명, 3위 멕시코 22명을 월등히 앞서는 OECD 가입국 1위다.-역자주)

다만 결핵이 옮아도 반드시 발병하진 않으며, 발병해도 지금은 유효한 약도 있어서 관리만 확실하게 하면 일단 죽음에 이르는 일은 없다.

결핵 감염 이외에 혈액에 의한 바이러스 감염도 주의가 필요하다. 법의 부검은 다른 임상 계열의 수술처럼 국소적인 것이 아니다. 육체의 넓은 범위를 절개해 다수의 장기를 꺼내는 아주 원시적인 행위이며, 다루는 혈액의 양도 상당히 많다.

한번은 아주 마른 남성의 시신이 우리 교실로 실려왔는데, 외표를 확인하니 크게 벌어져 있는 항문이 눈에 띄었다. 남성의 부검을 진행하니 식도 속에 흰색 곰팡이 같은 것이 피어 있었다. 사인은 둘째로

치고 우선 그것의 원인을 찾아야 한다고 생각했다.

'항문은 동성 성교로 벌어진 걸까? 식도에 있던 흰색 곰팡이는 칸디다(Candida, 출아 효모형 곰팡이로 인체 위장관 점막과 피부에 존재한다. 대부분 인체에 해가 없지만, 항상성과 면역력이 저하되면 이상 번식을 해서 칸디다증을 일으킨다) 감염이 아닐까?'

이런 추측을 하던 중 그가 에이즈 바이러스에 감염되었을지도 모른다는 의혹이 생겼다. 그 가능성을 염두에 두고 평소보다 주의하면서 부검을 진행했다.

해부 후 대학 내의 미생물학 교실에 에이즈 검사를 의뢰하니 남성에게 확실히 에이즈 바이러스가 검출되었다. 우리는 감염 방지 대책으로 의료용 마스크와 장갑 등을 하고 부검하지만, 절대 감염되지 않는다고 단언할 수 없다. 다만 에이즈 바이러스는 혈액이 피부에 닿은 정도로는 감염될 확률이 지극히 낮다. 또는 실수로 혈액이 묻은 바늘로 피부를 찔러도 에이즈 바이러스와 감염성 바이러스가 옮을 확률은 그리 높지 않다. 감염 확률만을 생각하면 부검 현장에서는 역시 결핵 쪽이 위협적이다.

나는 '법의학자는 사망한 사람을 위해 목숨 걸고 일한다!'라고 말하고 싶은 것이 절대 아니다. 우리는 매일 시신을 대하는 것이 직업이다. 시신으로부터 감염을 방지하는 것도 법의학 업무 중 하나라고 생각한다. 법의학에 흥미를 갖고 일하는 젊은이들에게도 가능한 한 조심하라고 말해두고 싶다.

　나는 부검대에서 "변사"라는 형태로 마지막을 맞은 인생을 수없이 봐왔다.

　그 죽음이 행인지 불행인지는 아무도 모른다. 다만 생죽음을 당한 사람들의 마지막을 지켜주는 것이 우리 법의학자다. 약간 감성적인 표현이지만, 우리는 그들이 저세상으로 떠나기 전에 만나는 "마지막 면회자"라고 생각한다. 남기고 싶은 말은 없는지, 전하고 싶은 생각은 없는지 묻고 답을 듣는다. 우리가 하는 일은 부검대 위의 주검과 마주하면서 그들이 전하고 싶어 하는 침묵 속 대답을 듣는 일인지도 모른다.

6

사건에 의한 죽음

젊은 스모 선수의 죽음

'스모 선수 급사, 도키쓰가제 도장 관장 입건'

2007년 9월 모든 신문의 헤드라인은 이 사건 일색이었다.

그해 6월, 도키쓰가제 스모 도장 소속 도키타이잔(당시 17세) 선수가 수행 중 심폐정지로 급사했다. 운송된 병원에서 '급성 심부전' 진단을 받았다. 아이치현 경찰은 처음에는 '허혈성 심질환(동맥경화 등으로 심장에 혈액이 부족해지면 일어나는 질환의 총칭)'에 의한 '병사'이며 사건성은 없다고 판단했다.

고향인 니가타로 실려온 아들의 주검을 대면한 양친은 변해버린 아들의 모습을 보고 강한 불신을 품었다. 도키타이잔의 몸에는 누가 봐도 이상하다고 느낄 정도의 심한 멍과 외상이 남아 있었다.

양친의 강한 요구로 니가타대학 법의학 교실에서 승낙 부검을 시행했다. 그 결과 사인은 '병사'가 아닌 심한 폭행에 의한 '좌멸증후군'이라는 진단이 나왔다.

그 후 조사로 도키쓰가제 관장과 선배 3명이 상해 및 상해치사 용의로 체포되었다. '좌멸증후군'이란 타박으로 손상을 입은 근육세포에서 생성된 칼슘과 미오글로빈 단백질 같은 독성물질이 혈액 중으로 흘러들어 죽음에 이르는 증상을 말한다.

이 사건은 경찰의 검시가 충분하지 못해 결과적으로 범죄를 놓치고 말았다. 만일 양친이 부검을 요구하지 않았다면 이런 사실은 영원히 묻혀버렸을 가능성도 있다.

여기부터는 나의 추측이지만, 부검 후 판명된 사인이 '좌멸증후군'이라는 것은 도키타이잔의 몸에는 엄청난 타박상이 있었다는 것이다. 골절도 있었을지 모른다. 양친이 상처투성이의 애처로운 시신에서 이건 정상 상태가 아니라고 느끼고 부검을 원한 것이리라.

죽음의 사실만 전하는 직업

원래 외표에 광범위하게 멍이 있다면 그것만으로도 충분히 사망 원인이 된다. 3장에서도 다뤘듯이 외표 면적의 20~30% 정도에 피부 밑 출혈이 일어났을 경우, 근육의 손상 부위에서 신독성의 미오글로 빈이 흘러나와 '급성 신부전'에 빠져 죽음에 이르는 일도 충분히 가능 하기 때문이다.

1995년에 일어난 한신 대지진 때도 이런 원인으로 사망한 사람이 많았다. 무너진 가옥에 깔린 사람들은 심한 타박과 장시간 압박으로 인해 해당 부위 근육이 심하게 상처를 입었다. 구조대가 발견해 구조 되었지만, 강하게 짓눌린 근육이 급성 신부전을 일으켰다.

도키쓰카제 도장 사건의 문제는 실려간 병원에서 '병사'로 진단했고, 또한 경찰도 그렇게 판단한 점에 있다. 경찰은 당연히 사법 부검을 진행했어야 했다.

같은 업계에 일하는 사람으로서의 의견을 말하자면, 의사 측의 책임도 크다고 생각한다. 시신을 '검안(檢案, 처음 시신을 접해서 사망 사고를 의학적으로 확인하는 일)'할 때 이상한 점이 있다고 판단되면, 의사는 해당 경찰서에 신고해야만 하는 규정이 있다. 도키타이잔에 대해서는 적어도 '병사'로 단정할 수 없는 비정상적인 부분을 파악할 수 있었을 것이다. 바로 사망진단서를 발행해도 될만한 안건이 아니었다.

나는 학생들에게 사망진단서 쓰는 법을 강의할 때, 항상 이 사건을 예로 든다. 우리는 의사로서 조금이라도 외인사가 의심되면 절대 사망진단서를 써서는 안 된다. 그리고 만일 경찰이 먼저 '병사'라는 견해를 보여도 그것을 부정할 선택지가 우리에게는 있다.

경찰은 자신들이 판단하기 어려운 의학적 견해가 필요해서 우리 "전문가"에게 부검을 의뢰한다. 양자는 서로 분리된 대등한 조직으로 협력해야만 하며, 우리는 언제라도 의학적 관점에서 본 "사실"만을 전해야 한다.

사망진단서도 부검감정서도 담당한 의사가 자신의 이름을 걸고 발행하는 서류다. 나는 법의학자의 정의와 책임을 바탕으로 거짓 없고 한 점 부끄럼 없는 "죽음의 사실"을 남겨야 한다고 생각한다. 이것만큼은 결코 양보해서는 안 되는 중요한 사안이다.

나는 법의학자로서, 세상을 시끄럽게 한 사건에 관련된 시신을 부검해야 할 때도 있다. 법률상의 규정 때문에 구체적인 사건명이나 부검으로 얻은 내용을 적을 수는 없다. 다만 법의학이 무엇을 위해 존재하는지 알리기에는 '사건에 관련된 시신'이 가장 설명이 쉽다고 생각해서 이번 장에서는 '사건'과 관련된 부검에 대해 다루려고 한다.

사법 부검을 대학에서 하는 이유

경찰과 법의학자는 사이가 좋아서는 안 된다.

이것은 내가 법의학자로서 가슴 깊이 다짐한 자신과의 약속이다.

일본에서는 대학의 법의학 교실에서 거의 모든 사법 부검을 진행한다. 당연한 이야기지만, 대학은 본래 교육·연구기관이다. 범죄 조사 등을 행하는 경찰과는 근본적으로 다른 조직이다.

나는 조사기관인 경찰과는 별개의 조직인 대학에서 사법 부검을 실행하는 '분업 시스템'에는 중요한 의미가 있다고 생각한다.

만일 살인 사건이 생겼다면 경찰은 사망한 사람의 사망 전 상황과 신원을 조사한다. 유족과 주변인의 이야기를 듣고 무엇이 진실인지, 그것에 거짓과 의혹이 가는 부분은 없는지 판단한다.

그러나 스모 선수 구타 사건에서 경찰은 "수행 중 갑자기 쓰러졌다"는 관장의 증언을 신용해서 사법 부검을 하지 않았다.

'경찰을 의심'하려는 것은 아니다. 하지만 과거에 상대 증언의 신빙성을 꿰뚫어보지 못하거나 때로는 발견 당시의 상황에 떠밀려 잘못된 판단을 하는 일도 있었다. 또한, 사건 발생 처음에 내린 판단을 지나치게 고집해서 그 판단에 "유리한" 조사 결과만을 재판소에 제출하는 경우가 없다고는 잘라 말할 수 없다. 경찰도 역시 인간이 모인 조직이다. 그 안에서 모든 사건이 완결된다면 인간이라서 일어나는 "상황적·감정적인 요인에 의한 실수"를 막기는 어려울 것이다.

그런 점에서 법의학자는 중립적 입장이다. 우리 일은 어디까지나 '경찰에게 촉탁받은 내용을 조사해서 보고하는 일'이다. 눈앞의 시신에 남겨진 "사실"만을 해명한다. 사법 부검을 경찰이 아닌 대학에서 진행해야만 중립성을 보장받는다.

법의학자가 주인공인 텔레비전 드라마를 보면 경찰과 함께 범인을 찾는 장면이 나올 때가 있는데, 현실에서는 그런 일이 절대 없다.

법의학의 중립성이라는 관점에서 보면, 법의학자는 경찰 관계자와 필요 이상 친해지는 것이 적절하지 못하다고 생각한다.

개인적으로도 원래 경찰과의 상성은 좋지 않다. 대학 재수 시절 자전거 1대를 친구와 둘이 타고 가다 경찰에게 주의를 받은 적이 있다.

그 이후에도 두 번 정도 자전거를 타고 가다 경찰에게 불심검문을 받은 적이 있다. 경찰만 보면 나도 모르게 조건반사적으로 반대 방향으로 도망가는 습관이 생겨 수상해 보였던 것 같다.

그리고 동시에 매스컴과도 의식적으로 거리를 둔다. 실은 텔레비전에 보도될만한 사건이 일어나면 매스컴으로부터 전화가 오기도 한다. 지역별로 어떤 대학이 부검을 담당하는지는 조사하면 바로 알 수 있어서 부검 자체를 숨기지는 않는다.

그러나 사법 부검은 재판소의 허가 후 경찰에게 촉탁을 받아 진행한다. 부검 결과는 당연히 경찰에게만 보고한다. 부검 결과에는 범인 본인만이 아는 정보(사용한 흉기의 크기와 상처 수 등)가 포함된 경우도 많아서 그것이 매스컴에 먼저 보도되어버리면 피의자 사정 청취 시 진술의 신빙성에 영향을 줄 수 있다.

유족에게조차 부검의 세부 결과를 알리지 않는 것이 원칙인데, 수사 진행에 지장을 주는 매스컴에 정보를 제공하는 일은 절대 있어서는 안 된다.

나는 언제나 '사법 부검은 사회정의를 위해 누군가가 해야만 하는 일이다!'라고 자신에게 말해주면서 매일 새롭게 마음을 다잡는다.

사망 후 몇 년이 지나도 부패하지 않는 주검

수많은 '사건에 휘말린 주검'을 봐오면서 느낀 점이 하나 있다. 누군가를 죽이고 말았을 때, 인간은 살해한 시신을 어떻게든 '감추고 싶다'고 생각하는 것 같다. 시신을 태우거나 바다에 유기하거나…… 다른 사람의 눈을 피해 필사적으로 시신을 감추려 한다.

어느 해인가 내 눈앞에 실려온 시신은 여러 의미로 기묘한 시신이었다. 사후 몇 년은 지났을 텐데, 마치 저번 주에 사망한 것으로 여겨질 정도로 깨끗한 상태였다.

시신은 전체적으로 희게 변해 있었다. 의학 용어로는 '시랍화(屍蠟化, 밀랍처럼 변한 시체)'라고 부르는 상태다. 저온에 공기가 희박한 환경에서 피부밑 지방조직이 화학변화를 일으켜 양초의 밀랍처럼 되는 때가 있다. 흙 속이 아니더라도 댐이나 강바닥 같은 물속에 오랜 기간 가라앉은 채로 있던 시신이 시랍화하는 경우가 있다.

시랍화는 부패, 다시 말해 세균에 의한 변화가 아니다. 그래서 시신이 썩지 않아 오히려 깨끗한 인상을 준다. 시랍화한 시신을 부검한 횟수는 별로 많지 않다. 그중에 요도가와강 바닥에 6개월 정도 가라앉아 있었다고 추정되는 시신은 외표가 거의 새하얗게 시랍화되어 있었다. 몸의 거의 전체가 시랍화한 경우 언뜻 보면 하얀 밀랍 인형 같이 보인다. 다만 '인형'이라 해도 몸의 윤곽이 거의 그대로 남아 있고 크기도 생전과 거의 다르지 않다. 커다란 흰색 인형의 존재는 역시 기분이 으스스하다.

시랍화는 미라화와 마찬가지로 영구 사체라 불리며, 일단 시랍화되어버리면 반영구적으로 그 형상이 남는다. 이집트의 미라가 몇천 년이 지나도 상태가 그대로인 것과 마찬가지다. 시랍화는 외표로부터 시작해서 시간이 지날수록 피하조직과 근육도 흰색으로 변한다. 공기와 접촉하지 않은 저온 환경에서 일어나기 때문에 외표는 주변 환경에 영향을 받는다. 부드럽고 말랑말랑한 시신도 있고, 단단해진 시신도 있다.

실려온 시신은 살해당한 후 수년간 밭에 깊이 묻혀 있었다. 그래서 시랍화되어 세균으로 인한 부패도 거의 진행되지 않았다. 시신의 부패는 시신이 놓인 환경 조건, 그중에서도 온도와 습도에 크게 좌우된다. 극단적인 건조 상태나, 심한 고온이나 저온일 때 부패 속도는 느려진다.

법의학에서는 시신이 부패하는 속도를 계산할 때 '카스페르의 법칙(Casper's Law)'을 가장 많이 이용한다. 이 법칙에 의하면 지상에서 시신의 부패 속도가 1이라면, 수중에서는 2분의 1, 땅속에서는 8분의 1까지 느려진다고 한다.

물론 땅속이라고 하더라도 몇십 cm 깊이에 묻은 정도로는 지표와 거의 변함이 없다. 그러나 당시의 시신은 2~3m나 파낸 땅속 깊숙한 곳에 묻혀 있었다.

어른 한 명 들어갈 크기의 구멍을 그 정도 깊이까지 파내려면 굉장히 힘이 들었을 것이다. 하지만 그 결과 온도의 변화가 별로 없는 저온 상태에 공기와의 접촉도 적은 완벽한 "보존 환경"이 완성되었다. 시신이 부패되지 않아서 "증거"도 그대로 보존되었다. 범인에 의한 것으로 추정되는 타박상의 크기와 범위가 명확히 남아 사인도 어느 정도 특정할 수 있었다. 범인은 시신을 감출 생각이었지만, 보존하고만 것이다.

텔레비전에서 대대적으로 보도하는 살인 사건은 대체로 수법은 특이하지만 사인 자체는 확실한 때가 많다. 그런 때는 부검도 사인을 찾기 위해서라기보다는 앞으로의 재판을 위한 기초 자료 작성이라는 의의가 강해진다. 이럴 때는 부검 시 상처의 길이, 깊이, 방향 등을 정확하게 기록하는 것에 집중한다.

화재 현장의 죽음이 전부 화재사는 아니다

살해 후 불에 태운 시신도 부검이 어렵다.

화재 현장에서 시신이 발견되면, 만일 그 시신이 이미 새까맣게 탔더라도, 기본적으로는 전부 사법 부검을 한다. 시신이 화재 현장에서 발견되었다고 해서 반드시 그 사인이 화재에 의한 사망, 즉 '화재사'라고 말할 수 없기 때문이다.

예를 들어, 담뱃불로 인해 발생한 화재 현장에서 불탄 시신이 발견되었다면 어떨까? 담배를 피웠던 집주인은 어쩌면 화재 발생 전에 '심근경색'으로 사망했을지도 모른다. 또는 누군가가 약물을 먹여 '약물 중독'으로 먼저 사망했을 수도 있다.

그러면 사인은 '화재사'가 아닌 심근경색 또는 약물 중독이 된다.

화재 현장에서 발견한 시신을 부검할 때 우리는 기도 속을 주목해서 본다. 화재사한 사람의 기도 점막은 검댕으로 검게 덮여 있다.

대학 강의에서 학생들에게 사전 설명 없이 화재사한 사람의 기도 속 사진을 보여준 적이 있다. 사진을 본 학생들은 "담배 피우는 사람인가요?"라는 질문을 하기도 한다. 하지만 담배를 아무리 자주 피워도 기도 속이 그 정도로 새까맣게 되지는 않는다.

만일 그 사람이 화재 발생 당시 살아 있었다면 호흡을 했을 것이다. 호흡을 하면 화재로 발생한 매연을 들이마시기 때문에 기도는 새까맣게 변한다. 그런데 만일 화재 발생 당시 이미 사망한 상태라면 호흡을 못 하니 매연으로 검게 변하지 않아 당연히 기도는 깨끗하다.

법의학자의 입장에서는 처음부터 사인이 명백한 시신보다는 사인을 찾아내야만 하는 시신 쪽에 더 주의를 기울이게 된다. 그래서 범죄성은 없지만 사인을 모르는 승낙 부검 시신 쪽이 '이 사람은 왜 죽었을까?'라는 의학적 관점에서의 의문이 생긴다.

물론 사건 자체는 세상을 떠들썩하게 하진 않았어도, 외표에 아무 상처도 없고 사인이 확실하지 않은 쪽의 부검이 훨씬 어렵고, 의학에 공헌하는 의의도 강하다. 이런 시신은 사인 진단에 다양한 검사도 필요해서 비용도 더 든다.

나는 직업으로서 법의학에 몸담고 있다. 하지만 나로 하여금 20년 이상이나 이 일을 계속하게 만든 원동력은 '인간의 생명과 죽음'에 대한 깊은 관심이라고 생각한다.

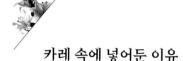

카레 속에 넣어둔 이유

앞에서 설명한 화재 현장의 시신을 부검할 때 주의해서 살펴야 할 '기도 점막의 검댕', 이것을 우리는 '생활반응'이라 부른다.

기도 속에 검댕이 있다면 그 사람이 화재 발생 당시에 "살아 있었다"는 증거다. 다시 말해서, 생활반응이란 살아 있어야만 생길 수 있는 손상과 현상을 말한다.

사람의 피부를 갑자기 메스로 자르면 당연히 피가 난다. 하지만 시신을 부검할 때는 피부를 메스로 절개해도 피가 나오지 않는다. 걷다가 발을 세게 부딪치면 멍이 생기지만 죽은 사람은 발을 맥주병으로 두들겨도 멍은 생기지 않는다. 살아 있다면 생기는 반응이 없다. 역으로 말하자면 '생활반응이 없다'는 것은 때로는 "죽어 있다"는 증명이기도 하다.

만일 누군가 가슴을 식칼로 찔려 대량 출혈로 사망했다면 피부, 결막, 장기는 혈액을 잃고 흰색으로 변한다. 우리는 이 색조를 '창백'이라 표현한다. '창백해진 결막, 장기'는 생활반응이 있다고 본다. 이미 죽은 사람의 심장은 찔려도 출혈하지 않아서 장기에서 혈액이 없어지지도 않고 흰색으로 변하지도 않는다. 장기가 흰색이 되었다는 것은 혈액이 혈관에서 계속 빠져나갔다는 소리다. 다시 말해, 심장이 움직여 혈액이 순환하고 출혈이 계속되었다는 것을 의미한다.

역으로 토막살인 사건에서 찾은 팔다리는 피부에 메스를 넣어도 출혈이 없다. 토막살인 사건의 시신은 일반적으로 사망 후 절단된다. 절단된 후 피부는 출혈하지 않기 때문에 팔만, 다리만, 몸통만 찾았을 경우 절단된 피부에는 '생활반응'이 없다.

과거에 충격적인 사건을 접한 적이 있다. 범인 자택 냉장고에서 시신을 삶은 "카레"가 발견되었다. 아마도 부패 냄새를 없애려고 시신을 잘게 잘라 카레 속에 넣은 것 같다. 그 카레 속에서 다양한 부위의 뼛조각이 발견되었다. 이 정도가 되면 생활반응을 따질 때가 아니며, 사인은 거의 찾기 어렵다.

시신을 방에 그냥 두면 부패가 진행되어 특유의 부패 가스가 생긴다. 그 냄새를 없애기 위해 냉장고에 넣어 부패 자체를 늦추거나, 방

수 용기에 넣어 밀봉해두기도 한다. 그런 "은폐 공작"을 위해 범인이 시신을 토막 내는 일은 드물지 않게 일어난다.

다만 시신의 절단은 생각 이상으로 엄청난 노동력이 필요하다. 몸 전체가 목, 어깨, 허리 관절 부분에서 각각 절단된 시신을 부검한 적이 있다. 놀랍게도 몸통에서 머리, 팔, 다리를 잘라낸 사람은 의학 지식이 없는 고령자였다. 그것도 혼자서 1시간 만에 했다고 한다. 이 사건의 시신은 각각의 토막이 정말 깔끔히 잘려 있어서 순간적으로 의료 관계자일지도 모른다고 의심했을 정도다.

시신이 따로따로 발견되면 부검할 당시는 신원을 모를 때가 대부분이다. 그때는 나이, 성별, 신장과 같은 신원을 알아낼만한 정보를 밝히는 것도 우리의 중요한 역할이다.

성별은 두개골이나 골반에 특징적 차이가 있어서 크기와 모양으로 어느 정도 예측이 가능하다. 물론 DNA가 채집되면 그것으로도 성별 판정은 할 수 있다. 신장은 사지의 뼈 길이로부터 신장을 산출해내는 몇 가지 추정 공식이 있어서 그 방법에 따라 백골이 된 사람의 신장도 추정할 수 있다.

나이는 두개골의 뼈 경계선인 '봉합'이라 불리는 부위가 하나의 포인트가 된다. 두개골은 몇 개의 뼈가 합쳐져 만들어졌다. 그 경계가 어느 정도 없어졌는지에 따라 나이를 추정한다. 그 외에 치아가 닳아진 정도, 골반 상태 등도 중요한 힌트가 된다.

생활반응을 시작으로 나이, 성별, 신장의 추정 등 우리 법의학자는 모든 방법을 동원해서 시신을 둘러싼 정보를 추출한다.

이런 노력이 조금이라도 사회정의에 도움이 되길 바라지만, 실은 경찰 조사에 어느 정도 도움이 되고 있는지는 솔직히 잘 모르겠는 부분이 더 많다. 부검 결과를 경찰에 보고한 후 재판소에 증인으로 서는 일도 있지만, 대체로는 부검 결과를 경찰에 제출하면 우리 일은 끝난다.

카페인 중독사

사건이란 본인이 예상하지 못한 채 덮쳐온 재앙이다. 여러 형태의 생죽음을 당한 시신과 마주하고 있으면 우리가 무심하게 보내는 일상에는 늘 생각하지 못한 함정이 도사리고 있다는 생각을 안 할 수가 없다.

그중에서 최근 내가 주목하는 것은 '카페인 중독사'이다.

카페인 중독으로 사람이 죽는다는 말에 놀랄지도 모른다. 카페인은 차와 콜라 같은 기호식품에 들어 있는 흔한 성분이다. 커피를 하루에 5잔 정도 마시는 사람도 드물지 않다. 실제로 부검한 사람의 혈중 약물을 분석하면 대부분 미량의 카페인이 검출된다.

카페인은 체내의 소화관에서 흡수된 후 간장에서 분해되기 때문에 보통은 중독되지 않는다. 그런데 최근에는 '에너지 음료'라 부르는 고카페인 음료를 편의점 같은 곳에서 여러 종류 판매하고 있다. 그리고 외국에서 판매하는 카페인을 포함한 가루약이나 알약을 인터넷을 통해 간단히 손에 넣을 수 있다. 이런 제품들 때문에 카페인을 한꺼번에 대량 섭취하는 일이 생기고 있다. 실제로 다음과 같은 카페인 중독 사례도 있었다.

"규슈 지방에 거주하던 남성이 '에너지 음료'로 불리는 카페인을 포함한 청량음료를 다량으로 마시고 중독으로 사망했다. 후쿠오카대학은 21일 부검 결과, 카페인 혈중농도가 치사량에 달한 것이 밝혀졌다고 발표했다.

위장 속에서 카페인 알약도 발견했으며, 부검을 진행한 후쿠오카대학 구보 신이치 법의학 교수는 기자회견에서 '단기간 대량 섭취는 위험하다'며 카페인에 대한 주의를 호소했다.

남성은 20대 초반으로 주유소에서 심야부터 아침까지 근무했다. 1년 전부터 잠을 깨기 위해 카페인 150mg 정도를 포함한 에너지 음료를 마셨다고 한다. 사망 약 1주일 전부터 가족에게 몸이 안 좋다고 호소하고 토하기도 했다. 사망 당일 오전 11시 30분경에 대량으로 구토 후 잠이 들었는데, 오후 4시경 가족이 의식을 잃은 상태를 발견하고 병원으로 옮겼으나 사망했다.

부검에서 남성의 혈액 1cc에서 치사 농도(79~567㎍[100만 분의 1그램])의 카페인이 검출되었다. 위장에서도 카페인 정제 분말이 발견되어 중독사로 결론지었다."(2015년 12월 21일 마이니치신문)

물론 잠을 쫓기 위해 적당량의 커피를 적당한 시간에 걸쳐 마시는 것은 전혀 문제가 없다. 그러나 한 번에 다량의 카페인을 섭취하면 때에 따라서는 중독량에 달한다. 에너지 음료도 마시는 방법에 따라 같은 정도의 위험성이 있다.

우리 법의학 교실에서도 카페인 중독으로 사망한 사례가 있다. 사망한 사람은 50대 직장인 남성으로 당뇨병과 수면무호흡증후군 때문에 병원에 다니고 있었다. 10년 정도 전부터 카페인을 포함한 외국제 영양제를 상용했다고 한다. 심야에 에너지 음료와 카페인을 함유한 2종류의 알약을 복용해서 중독량이 넘어간 것 같다.

중독이라고 하면 잊을 수 없는 부검이 있다. 버섯에 의한 중독사다. 50대 남성이었고, 동료와 함께 산에 가서 채집해온 버섯을 먹고 사망했다. 따온 버섯으로 만든 전골을 먹던 중에 몸 상태가 나빠졌고, 사망 전 본인이 "(버섯을) 잘못 딴 것 같아"라고 말했다고 한다. 식용인 줄 알고 독버섯을 잘못 따온 것이다.

최근 각성제와 위험 약물(위법·탈법 약물) 등 법률에 위반된 약물에 관한 중독이 문제가 되고 있다. 하지만 그렇게 거리가 있는 물질이 아닌 매일 접하는 음식으로도 중독사는 일어날 수 있다는 점에도 주의해야 한다.

총에 맞으면

일본에서 일어난 범죄의 살해 방법 중 총기 사용은 아주 드물다. 주로 손이나 끈으로 목을 조르거나 식칼 등으로 찌르는 방법이 많다. 우리 법의학 교실의 경우 총기 사망으로 인한 부검 건수가 5회에 불과하다.

총으로 생긴 상처는 총창이라 한다. 총창으로 죽음에 이를 경우, 총에서 발사된 탄환이 몸속에서 장기와 혈관에 상처를 입혀 그것이 사인이 된다.

물체의 운동에너지, 다시 말해 다른 물체에 충돌해서 생기는 힘은 물체의 질량과 속도를 알면 구할 수 있다. 탄환은 작지만 날아가는 속도가 상당히 빨라서 거대한 에너지를 만든다. 탄환은 몸속을 통과

할 때 장기를 파괴하고 열에 의해 주변 조직은 손상을 입는다.

총에 맞은 시신은 외표에 탄환이 체내로 들어간 곳(사입구)과 몸 밖으로 나온 곳(사출구), 이렇게 두 군데의 총창이 생긴다.

사람들은 대체로 탄환이 지나간 길이 직선이라고 상상할지도 모른다. 하지만 탄환이 몸에 들어간 후 똑바로만 진행하는 것은 아니다. 도중에 단단한 뼈에 맞으면 탄환은 방향을 바꾼다. 사입구만 보이고 사출구를 찾을 수 없는 때도 있다. 그런 때는 탄환이 체내 어딘가에 남아 있는 것이다.

사입구의 모양은 대개는 탄환처럼 작고 동그란 구멍이지만, 사출구는 몸의 내측에서 외측을 향해 파열된 듯이 일그러진 모양이 많다. 머리 총창의 경우 내측에서 외측을 향해 마치 방사선 모양으로 파열된 듯한 두개골 골절이 사출구 아래에 생긴다.

또한, 탄환이 발사될 때 화약 입자와 열기도 동시에 발사된다. 총구로부터의 거리에 따라서는 사입구 주변에 화약과 열기에 의한 화상과 상처가 남는 때도 있다.

폭력단 관계자로 추정되는 남성이 총격을 당해 사망해서 우리에게 실려온 적이 있다. 부검을 끝내고 언제나처럼 부검실에서 나왔을 때 검은 넥타이를 맨 조직원으로 보이는 남성 몇 명이 묵묵히 서 있었다. 무어라 말로 표현하기 어려운 위압감에 나도 모르게 깜빡 잊고

나온 물건이라도 있는 척하며 부검실로 다시 들어갔다 나중에 뒷문을 통해 옆 건물로 이동해 나왔던 기억이 남아 있다. 사망한 사람의 몸에 어떤 총창이 남아 있었는지는 잊어버렸는데 말이다…….

사건에 의한 주검에서 보이는 '격차'

'사건에 의한 주검'에도 또한 '격차' 문제가 있다.

우리 법의학 교실은 효고현 중에서 한신 지구에 해당하는 6개 시(市)와 1개의 정(町)을 담당한다. 경찰 관할구역 수로 말하자면 9개의 경찰서에서 들어오는 의뢰에 대응한다. 우리 담당 지구 중에는 전국적으로도 유명한 부유층이 많이 사는 지역도 있지만, 서민의 삶의 정취가 짙게 남아 있는 지역도 포함되어 있다.

2015년에 우리가 시행한 부검 수는 320건이다. 그중 아시야 경찰서에서 의뢰한 건수는 불과 11건이었다. 이에 비해 아마가사키 경찰서의 부검 의뢰는 138건이었다. 인구통계 조사 결과에 의하면 아시야의 인구는 9만 5,440명이고 아마가사키는 45만 2,571명이다. 인구 1,000명 당으로 계산하면 아시야는 0.12명, 아마가사키는 0.30명을 부검했다. 2015년에 아마가사키 사람은 아시야 사람에 비교해서 약 3배 조금 안 되는 숫자가 "부검을 받았다"는 결론이 나온다.

실업률과 경제불황이 범죄 발생률과 깊은 관련이 있다는 통계가 있다(오사카대학 사회경제연구소 조사). 이 통계를 보면 '노동력 조사, 인구동태 조사, 범죄 백서'를 바탕으로 산출한 '실업률·범죄율·자살률 추이'에서 자살률보다는 범죄율이 실업률과 더 연관성이 강하다는 것을 알 수 있다.

또한, 미국에서 실시한 연구에서는 실업률과 타살 발생률이 서로 높은 상관관계가 있다는 것이 밝혀졌다. 우리 담당 구역에서 가장 실업률이 높은 곳은 아마가사키이며 약 7.5%다. 이에 비해 아시야는 약 5.6%였다(2005년도 기준). 인구 10만 명 당 타살 발생률(2003~2012년, 효고의과대학 법의학 교실 조사)로 비교하면 아마가사키는 아시야보다 3배 이상 높았다.

어디까지나 우리 법의학 교실에 한정된 데이터를 근거로 한 결과지만, 개인의 경제 상황 차이가 타살 발생률에 적지 않은 영향을 주는 것을 파악할 수 있다.

'사건의 주검' 배후에도 역시 현대사회의 '격차'가 관련되어 있다고 생각한다.

손녀의 장래를 비관한 끝에

　명백히 "타살"로 판단된 시신은 모두 기본적으로 전국 어딘가의 법의학 교실에서 사법 부검을 해야 한다. 이미 설명한 바 있지만, 범죄성이 명백한 경우 사인을 알아도 사법 부검을 한다.

　우리 법의학 교실에서 시행한 과거 사례(2003년~2012년)를 새롭게 조사해보니 타살로 판명된 사례는 81건으로 부검한 전체 시신(1,548건) 중 불과 5.2%였다.

　일본에서 살해 수단은 목 조르기(경부 압박), 찌르기(예기 손상), 둔기로 치기(둔기 손상) 중 한 방법으로 이루어지는 사례가 많다.

　더욱이 우리 법의학 교실에서는 가해자가 피해자의 친족인 경우가 전체의 절반이 넘는 55.6%(81건 중 45건)에 달했다. 살해 수단별로 피해자와 가해자의 친족관계를 조사해보면 타살 수단이 경부 압박일 경우 가해자가 "친족"인 비율이 83.9%, 예기 손상의 경우는 27.3%였다. 둔기 손상에 대해서는 가해자가 친족인 경우와 친족 이외의 타인인 경우는 각각 절반 정도다.

가족을 살해할 때 우선은 목을 조르는 방법을 선택하는 그 심경이 무엇인지 알 것도 같다. 애정에 의해 생기는 증오와 살의도 있다. 마지막 양심으로 무언가 도구를 써서 육체에 상처를 내는 것에 저항을 느낀 것은 아닐까 짐작해본다.

가족에 의한 타살 사건으로는 잊지 못하는 사건이 있다.

불과 몇 년 안 된 사건이다. 아직 초등학교에 들어가기 전의 어린 손녀의 목을 졸라 살해한 후 자신도 목을 매달아 동반 자살한 고령의 남성이 있었다. 살해당한 아이는 가해자의 외손녀로 연휴에 고향에 내려왔다가 벌어진 일이었다.

실은 피해자인 아이는 불치의 병을 앓고 있었는데, 손녀의 장래를 비관한 할아버지가 스스로 손을 댄 것이다. 유서에는 '내가 데리고 가겠다'라고 적혀 있었다.

범죄성이 인정되는 사건이어서 둘은 사법 부검으로 우리 교실로 실려왔다.

우리 대학의 부검실에는 부검 전 옷을 갈아입는 대기실이 있다. 보통은 대기실에 아무도 들이지 않는다. 하지만 그때만은 경찰의 허가를 받아 모친을 대기실에 있도록 했다.

"몸에 칼을 대기 전에 꼭 한 번만 아이 얼굴을 보게 해주세요."

필사적으로 애원하는 모습에 마음이 움직였다.

그때 모친의 애절한 울음소리는 지금도 귀에 남아 있다. 친아버지와 사랑하는 딸을 동시에 잃고, 소중한 아이의 목숨을 빼앗은 범인이 다름 아닌 친아버지인 그 슬픔은 아마 우리는 상상하기 어려울 것이다.

마음 아픈 붉은색

평소에 우리 법의학자는 그저 묵묵히 맡은 바 "일"을 완수하기 위해 부검을 한다. 그럼에도 역시 희생자가 아이나 젊은 사람이면 아무래도 마음이 흔들리는 때가 있다.

그런 때는 부검을 한시라도 빨리 끝내고 싶다는 생각이 든다. 타살 사건인 이상 누군가가 부검대 위의 시신에 메스를 넣어야만 한다. 그러나 부검을 한다고 아이가 다시 살아오는 것은 아니다. 그런 갈등 속에서 나는 적어도 빨리 유족의 품에 돌려보내고 싶다는 생각을 하고 만다.

이전에 초등학생 여러 명이 피해자가 되었던 연쇄살인 사건이 발생한 적이 있다. 점심을 먹던 중에 뉴스에서 사건에 관한 속보를 봤다. 피해 아동들은 사법 부검을 하게 될 것이다. 아이들 유족의 비통한 마음을 생각하면 가슴이 아팠다. 하지만 동시에 칼날에 찔려 살해당한 아이를 몇 명이나 부검해야 할 법의학자들의 정신적인 부담 또한 엄청나게 크겠다는 생각이 들었다.

우리는 부검할 때, 기본적으로 모든 장기를 몸 밖으로 꺼내 관찰해야만 한다. 사인이 명백한 경우에도 작업 과정이 변하진 않는다. 그것이 법의학상 필요한 일이기 때문이다.

그럼에도 아무 잘못도 없는 아이들의 장기를 잘라야만 할 때는 역시 평상심을 유지하기 어렵다.

나도 과거에 딱 한 번 부검대에서 메스 잡기를 망설인 경험이 있다. 피해자는 초등학교 저학년 정도의 귀여운 소녀였다. 아이는 낯선 남성의 칼에 찔려 살해당해 우리에게 실려왔다.

처음 부검대에 놓인 시신을 봤을 때, 소녀는 새빨간 옷을 입고 있었다. '아, 예쁜 옷을 입고 있었구나'라고 생각했다. 그러나 다가가 자세히 보니 원래는 흰색이었던 옷이 소녀의 피로 새빨갛게 물들었던 것이다.

이미 범인은 체포되어 살해에 대해 자백을 했다. 담담하게 부검을 할 생각이었지만, 두개골을 열려고 하는 바로 그 순간 '아이의 몸에

이 이상 상처를 낼 필요가 있을까?'라고 자문할 수밖에 없었다.

그러나 우리가 하는 일은 아주 작은 것까지 모든 가능성을 전부 파고들어 사인을 명백하게 하는 일이다. 심장을 꺼내는 것도, 배를 여는 것도, 두개골을 여는 것도 전부 의미가 있다.

내가 할 수 있는 애도의 표현은 그것밖에 없다.

7

행복한 죽음

암 자연사

평온한 죽음을 맞이하고 싶다는 바람은 인간으로서 지극히 당연한 감각이다. 앞 장에서 예로 들어온 '생죽음'을 원하는 사람은 한 명도 없을 것이다.

다만 매일 여러 형태의 죽음을 접하는 나로서는 "행복한 죽음"에 대한 감각이 다른 사람과 다르다는 생각을 할 때가 있다.

혼자 살다가 쓸쓸히 사망하더라도 그것이 자기 스스로 불만 없는 인생의 마지막 장면이었을지도 모른다. 병원에서 누군가 지켜보는 가운데 죽음을 맞는 것과 그 사람이 행복을 느꼈을지는 역시 다른 문제라고 생각한다.

나는 예전에 주고쿠 지방에 있는 병원에서 내과 연수를 받았다. 그 병원에서 '위암' 진단을 받았는데도 암 치료를 거부했던 고령의 여성을 본 적이 있다.

80세 정도였던 여성은 시골 한편에서 홀로 유유자적하게 생활하고 있었다. 가족은 없고 마을에 있는 병원에 가려면 편도 1시간은 걸리는 곳이었다.

"암을 잘라내야 합니다. 지금이라면 치료할 수 있습니다."

주치의는 몇 번이나 설득했지만, 그녀는 끝까지 고개를 끄덕이지 않았다. 그럼에도 의사로서 눈앞에 치료하면 나을 수 있는 환자가 있는데 그냥 내버려 둘 수는 없다. 의사는 "적어도 1년에 한 번은 진료 받으러 오셔야 합니다"라고 말하고 경과를 지켜보기로 했다.

아무런 치료도 받지 않았기 때문에 당연하게도 암은 진행하고 말았다. 그러나 환자는 수술보다는 지금까지와 다름없는 생활을 원했다.

법의학 현장에서는 "방치된 암", 다시 말해 '아무런 치료도 받지 않고 자연스러운 경과를 맞이한 암'에 의한 죽음도 드물지 않게 볼 수 있다. 하지만 아마도 임상 현장에서 그런 암을 눈앞에 보는 일은 적을 것이다.

그 환자는 내가 연수받던 기간 중 상태가 나빠져 입원하게 되었다. 그 후 나는 연수가 끝나서 병원을 나왔고, 그 환자가 어떤 마지막을 맞이했는지는 모른다. 하지만 이제 막 의사의 길을 걷기 시작한 젊은 시절의 나에게는 인간이 맞이할 자연사에 대해 깊게 생각하게 한 아주 귀중한 경험이었다.

행복한 죽음에 대한 고찰

앞에서도 적었듯이 법의학 현장에서는 알코올에 얽힌 주검을 많이 대면한다.

술을 마시고 도로 옆 배수구에 빠져 익사한 사람을 부검한 적이 있다. 아마 취해 집으로 돌아가던 중 비틀거리다 넘어진 것은 아닐까. 그 사람은 배수구에 남은 수심이 불과 10cm 정도의 물에 익사했다.

'그 정도의 깊이에 어떻게 해야 익사하는 걸까?'

이렇게 생각할지도 모르지만 만취하면 인간은 길바닥에 누워 주정을 부리기도 하고, 잠이 들어버리기도 한다. 그곳에 우연히 물구덩이가 있으면 익사할 수도 있다.

술에 취해 도로공사 현장에서 사망한 사람도 있다. 무엇에 발이 걸렸는지 장대와 장대 사이에 쳐놓은 출입 금지를 알리는 줄에 목이 걸려 질식사하고 말았다. 장소와 타이밍이 나빴다고밖에는 할 말이 없다. 갑작스러운 죽음은 가끔 우연이라는 요소에 좌우되는 때가 있다.

음주에 의한 사고사 중에는 역 플랫폼에서 떨어지는 추락사도 많다. 이런 사고는 금요일 밤에 잘 일어난다. 주말을 앞두고 동료나 친구와 술을 마시는 사람이 많다. 즐거운 술자리를 마치고 기분 좋게 집으로 돌아가던 중 철길로 떨어져 머리를 부딪치거나 전철에 깔려 생명을 잃는 사람은 의외라 할 정도로 많다.

그 외에도 추운 겨울날 술에 취해 길가에서 자다 얼어 죽은 사람, 뒤로 넘어져서 후두부 손상으로 사망한 사람, 도로에서 잠이 들었는데 자동차가 치고 가서 사망한 사람도 있다.

경찰에게 들은 이야기로는 두개골이 골절되었는데도 한참을 걸어간 흔적이 있던 사람도 있다고 한다. 두개골이 골절된 채로 걷는 사람. 일반적으로는 극심한 고통으로 걸을 수 없을 텐데 알코올에 의해 통증을 느끼기 어렵게 되었는지도 모른다.

나는 이런 시신과 부검대에서 대면한다.

'술만 마시지 않았다면 사망하지는 않았을 텐데…….'

안타까운 한편으로 이건 이것대로 행복한 죽음일지도 모르겠다는 불손한 생각을 할 때도 있다.

대부분은 좋아하는 술을 마시고 아마도 기분 좋게 취해 아무것도 모른 채 사망한다. 가족에게는 불행 이외에 아무것도 아니지만, 본인은 과연 어떨까. 내가 그 입장이라면 죽는 방법으로는 그렇게 나쁘지 않다는 생각이 든다.

물론 "그렇게 되고 싶어?"라고 물어온다면 일부러 그런 죽음을 택할 생각은 없다. 하지만 인간은 반드시 죽는다. 긴 투병생활 끝의 사망도, 심근경색으로 갑자기 돌아오지 못하는 사람이 되는 것도 다 같은 죽음이다. 법의학 현장에서는 범죄에 얽혀서 사망한 아이나 동반자살한 부모와 아이의 죽음도 만난다.

죽음에 있어서 어떤 것이 행인지 불행인지, 나는 의사로서 그리고 한 명의 인간으로서 자주 생각하게 된다.

법의 부검은 인생 최후에 받는 주민 서비스

인생의 마지막을 어떻게 맞이할까. "행복한 죽음"을 생각할 때 이 것도 커다란 주제 중 하나다.

물론 자신이 살던 마을에서 가족과 친한 사람들에게 둘러싸여 평 화롭게 죽을 수 있다면 그것보다 좋은 일은 없다. 하지만 핵가족화 가 진행된 지금의 시대에 이런 죽음을 맞을 수 있는 사람은 어쩌면 소수일지도 모른다. 그 결과 공공 교통 인프라와 간병 서비스가 충 실해진 대도시 및 근교 도시에 고령자가 모이게 되었다. 지역마다 노후를 보내기 위한 "주민 서비스"에 '격차'가 있는 것은 의심할 바 없는 사실이다.

나는 그 "주민 서비스"에 법의 부검도 포함된다고 생각한다.

4장에서도 다뤘지만, 경찰청이 발표한 법의 부검 실시율은 행정 구역마다 큰 차이가 있다. 2015년에는 가나가와현이 39.2%로 가장 실시율이 높고 효고현이 33.4%, 오키나와현이 30.8%, 도쿄도가 18.2%, 오사카부가 15.0%이다. 이에 비해 부검률이 낮은 곳은 군마현 3.8%, 시즈오카현 3.3%, 오이타현 3.1%, 기후현 2.7%, 그리고 최하위인 히로시마현은 1.5%에 그쳤다. 가나가와현에서는 발견된 변사체의 약 40%를 부검하는 것에 비해 히로시마현에서는 98% 이상 부검하지 않고 끝낸다.

같은 '변사체'라도 주거지, 또는 시신이 발견된 지역에 따라 처우가 달라진다.

나는 지금 효고현 내 일부 지역의 법의 부검을 하고 있다. 바로 옆 지역인 오사카와는 실시하는 부검의 종류가 크게 다르다. 오사카의 법의학 교실의 부검은 대부분 범죄 조사를 위한 사법 부검이다. 이에 반해서 우리 교실의 사법 부검은 전체 부검 수의 겨우 4분의 1 정도에 그친다. 남은 부검은 범죄성이 부정된 승낙 부검이나 신원 조사를 주된 목적으로 하는 조사법 부검이다.

오사카와 우리 지역이 범죄로 사망한 사람의 수가 크게 차이가 난다고 생각하진 않는다. 경찰이 시신을 검시할 때 처음부터 범죄성을 의심해서 사법 부검으로 할지, 명백하게 의심되는 부분을 제외하고 승낙 부검으로 할지를 정한다. 그리고 그 판단은 각 지역의 경찰에 따라 상당히 달라진다.

나의 전임지는 오사카에 있는 대학이었다. 그래서 그때는 사법 부검만 했었다. 현재의 효고의과대학에 취임한 후 승낙 부검이 극단적으로 많은 것에 놀랐다.

부검에는 감염 방지 대책과 약물 검사를 시작으로 하는 각종 검사를 시행한다. 하나의 시신에 그 나름의 비용이 든다. 하지만 부검 방법이나 검사에 드는 비용은 같은데, 사법 부검과 승낙 부검은 사용할 수 있는 비용에 큰 차이가 있다.

효고현의 경우 승낙 부검 비용은 사법 부검과 비교해서 아주 적게 책정되어 있다. 승낙 부검은 범죄성이 없으니 그렇게 돈을 들이지 않아도 된다고 생각하는 것 같다. 하지만 앞에서 설명했듯이 가슴을 식칼에 찔린 시신 같이 부검 전에 사인이 확실한 사법 부검보다 외표에 아무런 상처도 없는 승낙 부검 쪽이 사인 진단에 필요한 검사가 많아 비용이 더 많이 드는 경우도 있다. 승낙 부검으로 부검을 진행하면 한정된 예산 때문에 충분한 검사를 하지 못하는 것이 현실이다.

부검 격차의 현실

효고의과대학 부임 후 한참 지나고 관할구역 경찰에게 이런 제의를 한 적이 있다.

"지금처럼 승낙 부검이 많으면 충분한 검사를 못 해서 부검의 질에 문제가 됩니다. 의심되는 사안은 적극적으로 사법 부검으로 의뢰를 해주면 좋겠습니다."

그러자 경찰은 승낙 부검 자체를 거의 의뢰하지 않게 되었다. 결과적으로 우리는 거의 사법 부검만 하게 되었다.

경찰은 전년도 실적을 근거로 매년 사법 부검 예산을 청구한다. 사법 부검은 국가로부터, 승낙 부검은 각 행정구역기관으로부터 비용을 받는다. 경찰로서도 그해 사법 부검 수를 갑자기 늘리기는 쉽지 않았을 것으로 생각한다.

이 건으로 생각지 못하게 영향을 받은 사람이 있었다. 나와 같은 구역을 담당한 '경찰의'에게는 고민되는 일이 된 것이다.

행정구역에 따라 제도는 약간 다르지만, 경찰의는 소속 경찰서의 촉탁을 받아 의사 면허가 필요한 경찰 업무(피의자 채혈이나 유치인의 건강검진 등)를 하는 의사다. 변사체의 검안도 기본적으로 그의 촉탁 업무다.

우리 교실로 승낙 부검을 의뢰하지 않게 되면서 경찰의는 외표 소견과 그 시점에서 알 수 있는 정보(지병의 유무나 주위 상황)만으로 부검감정서를 쓰는 일이 생겼다. 만일 그 진단에 오류가 생기면 경찰의는 책임을 져야 한다.

"전에 있던 선생님은 승낙 부검을 해줬는데, 이번에 온 선생님은 왜 안 된다는 겁니까?"

한참 후에 이런 소리가 내 귀에도 들려왔다. 나는 결코 부검을 거부하는 것이 아니다. 하지만 결과적으로 내 제안은 지역 사정을 무시하는 행태가 되어버렸다.

나는 이때의 경험을 통해 인간은 "어디서 죽음을 맞았는지"에 따라 부검 여부가 결정된다는 것, 그리고 부검을 받아도 어떤 종류의 부검을 받는지가 완전히 달라지는 현실을 깨달았다.

덧붙여 말하자면 같은 사법 부검을 받아도 각 대학의 법의학자에 따라 부검 내용도 달라진다. 사법 부검은 촉탁자, 다시 말해 부검을 담당하는 법의학자 개인에게 무엇을 조사할지를 일임한다. 담당하는 법의학자의 식견과 상식이 부검 내용에 큰 영향을 준다. 또한, 각 법의학 교실에 이름이 올라간 교직원 수에 한도가 있어서 교실마다 대응할 수 있는 검사 내용에 차이가 생기기도 한다.

법의학 관련 조직 내에서는 지역과 법의학자에 따라 부검의 질이 차이가 생기지 않도록 다양한 연구와 노력을 하고 있다. 하지만 같은 일본이라도 사망한 지역에 따라 받을 수 있는 "부검 서비스"에는 역시 '격차'가 있다.

죽은 후 '삶'에 공헌

나는 법의학 교실에 몸담은 지 20년이 되었다. 부검에 열중하며 지내는 한편 부검을 통해 얻은 착안점과 데이터를 근거로 연구를 계속해서 학회지 또는 학술논문으로 발표해왔다.

나는 가가와의과대학(현 가가와대학 의학부) 대학원을 졸업한 후 한동안 미국으로 유학을 갔다. 미국 연구자들의 생활은 상당히 힘들었고 박사 학위를 취득한 후 4, 5년 안에 자신의 교실을 갖지 못하면 장래의 전망은 어두웠다.

어느 날 갑자기 연구실 우편함에 "붉은 종이"가 들어 있다면, 그것은 '내년부터는 당신을 고용하지 않겠다'는 통보. 이런 식의 통보를 받는 일은 흔하게 벌어진다. 가족을 부양하고 있는데 내일부터 직장을 잃어야 하는 연구자를 몇 명이나 봤다. 그 안에서 살아남아야 "학자"의 길을 걷게 된다는 것을 나는 유학 시절에 배웠다.

원래 세상에는 지금 바로 해야만 하는 일이 많이 있다. 예를 들어, 임상의라면 환자가 오면 진찰을 하고 적절한 처방을 해야 한다. 하지만 우리 법의학자의 연구는 언젠가는 도움이 될지도 모르지만, 지금 바로 필요한 것은 아니다. 그럼에도 이곳은 직장이고 월급을 받고 있는 만큼 그 나름의 성과를 내야 한다고 생각한다.

현시점에서 나의 가장 큰 연구 주제는 '돌연사'다.

돌연사란 이름 그대로 지금까지 건강했던 사람이 예고도 없이 갑자기 질병으로 사망하는 것을 말한다. 우리 법의학 교실에도 돌연사한 사람들이 지금까지 셀 수도 없이 실려왔다.

체육 수업 중 갑자기 쓰러져 사망한 남자 중학생.

전날까지 아무런 전조 증상도 없었는데, 잠자리에서 사망한 여대생.

둘 다 부검 당시에는 확실한 사인을 밝히지 못했다.

하지만 나중에 밝혀지기도 한다. 운동 중 상당히 심한 부정맥이 발병하면 돌연사할 수도 있는 '유전성 부정맥 질환' 유전자가 있다. 이 유전자 조사 연구를 진행하던 중 사망한 남학생의 유전자에도 이상이 있다는 것을 발견했다. 남학생의 사인은 중증 부정맥이있다고 생각한다. 부검으로는 사인을 밝히지 못했지만, 그 후 연구를 진행하면서 사인을 진단할 수 있었다.

이런 종류의 연구는 부검의 원래 목적인 사인 진단에만 그치지 않는다. 남학생에게 발견된 유전자 변이는 일정한 확률로 가족에게도 나타난다. 남학생의 유족 중에 돌연사를 유발하는 유전자 변이를 가진 사람이 있다면 이런 사실을 전달하고 적절한 진료를 받도록 해 돌연사를 미리 예방할 수도 있다.

결핵도 마찬가지다. 5장에서 설명했듯이 결핵은 부검 시에 우리가 가장 주의하는 감염증 중 하나다.

결핵 발병으로 사망한 사람은 경제적인 영향으로 영양 상태가 나빠져 몸의 면역 기능이 저하된 경우가 많다. 생전에 몸 상태가 나빠져 심한 기침과 가래가 계속 나오는데도 병원에 가지 않은 사람도 있다.

이런 사람이 자택에서 사망했을 때, 부검으로 명확히 결핵을 진단하면 가족과 다른 접촉자의 감염을 미연에 방지할 수 있다. 부검 결과가 결핵으로 판명되면 규칙상 보건소에 신고해야 한다. 그러면 사망한 사람의 가족과 접촉자의 감염 여부를 조사해서 더 이상의 피해를 막을 수도 있다.

사망자에게 얻은 정보를 임상 치료에 활용하는 것은 부검 받은 사람들이 사망한 후에 사회에 공헌하는 것이 된다. 법의학이 이런 형태로 '삶의 의료'에 능동적으로 관련을 맺는 것에 의미가 있다고 생각한다.

법의학이 '삶'에 줄 수 있는 것들

어느 해 12월 하순이었다. 부모와 아이 둘, 가족 4명이 자동차 안에서 연탄가스 중독으로 사망해서 우리 법의학 교실에 실려왔다.

일가족 4명의 외표는 모두 선홍색으로, 불완전연소로 발생한 일산화탄소를 다량 흡입했다고 추측되었다. 그날 안으로 4명 전원의 부검을 시행했다. 시신 수가 많으면 이틀에 나누기도 한다. 하지만 그러면 부검을 기다리는 시신은 경찰서에 안치해야 해서 가족을 떨어뜨려 놓게 된다. 유족에게 같은 날 시신을 돌려주는 편이 장례를 치르기도 좋을 것 같다고 판단해서 하루에 모두 부검하기로 결정했다.

시신 수가 늘었다고 부검 방식 자체가 바뀌는 것은 아니다.

이미 사인은 '일산화탄소 중독'으로 예상을 한 상황이라 부검 자체가 그리 어려운 상황은 아니다. 부검 중 혈액의 일산화탄소 헤모글로빈 농도를 측정하니 상당히 높은 수치가 확인되었다. 4명 각각 80% 이상의 일산화탄소 헤모글로빈이 검출된 것으로 기억한다.

예상대로 일산화탄소 중독으로 사망했지만, 그럼에도 부검은 해야 할 필요가 있다.

만일 아이들을 약으로 재운 후 연탄불을 피웠다면 사인은 일산화탄소 중독이 아닌 약물 중독이다. 상황적으로 차 안에서 함께 연탄을 피웠으니 거의 동시에 사망했다고 생각된다. 하지만 만일을 위해 4명 모두 초기 사체 변화(체온 저하, 사후 경직, 시반)가 같은지도 확인해야만 한다.

동반 자살이 예상되더라도, 차 안에서 4명의 시신이 발견된 것만으로는 전원이 동시에 사망했는지 알 수 없다. 어쩌면 그곳에 다른 사건의 요소가 숨어 있을지도 모른다. 법의학의 역할은 "죽음의 진상"을 밝히는 것이다. 그러니 정해진 순서대로 모든 것을 조사하지 않으면 의미가 없다.

나중에 모친의 휴대전화에서 유서 대신 남긴 메모를 발견했다. 메모에는 둘째 아들을 괴롭히던 아토피성 피부염에 번민하다 동반 자살을 결심하게 되었다는 괴로운 심경이 적혀 있었다.

자살 직전, 가족을 태운 자동차는 편의점에 들렀다. 그곳에서 부모는 동반 자살에 쓸 연탄을 샀다. 그런 줄도 모르고 천진하게 웃는 아이들 모습이 방범 카메라 영상에 남았다. 그때 부모의 마음은 어떠했을지 생각하게 된다.

일가족을 부검했을 때, 부검밖에는 할 수 있는 것이 없는 자신에게 무력함을 느꼈다. 피부과와 면역학 의사들이 연구를 거듭해서 아토피로 고생하는 사람들을 구원하는 날이 하루빨리 오길 진심으로 소원한다.

법의학 현장에 있기 때문에 더 잘 보이는 "현실"이 있다.

같은 의사의 길을 가지만, 법의학자는 직접 사람을 구하지는 못한다. 하지만 임상의들과 거리를 좁혀, 법의학 현장에서 일어나는 현실을 공유할 필요성을 지금 느끼고 있다.

'죽음'을 통해 보는 세상

별로 알려지지 않았지만, 법의학에서도 "살아 있는 상대"와 만날 때가 있다. 아이에 대한 '학대 진단'이 그 대표적인 예다.

학대받은 아이가 아동상담소의 아동복지사에게 보호를 받게 되면, 병원에 실려온 후 우리가 아이의 몸에 남은 타박의 흔적이나 골절 여부를 확인한다. 상처는 언제 생겼는지, 출혈은 있는지를 진단해서 아직 확실히 자신의 의사를 표현하지 못하는 어린아이나 고집스럽게 입을 다문 사춘기 아이를 대신해 그들의 아픔을 대변한다.

내가 실제로 경험한 학대 피해 아동 수는 많지는 않다. 그럼에도 피부 여기저기에 담뱃불로 지진 흔적, 칼에 찔린 흔적이 다수 있던 아이도 있었다. 아이들은 모두 말라 있었고 충분한 식사를 하지 못해 보였다.

우리 일은 삶과 죽음을 모두 포함한 '생명'과 마주하는 일이라는 사실을 새삼 깨닫는다.

현대는 자신과 직접 관계없는 생명에 거리를 두는 사회가 되었다. 예전의 일본은 이웃과의 관계가 깊었다. 이웃의 죽음은 가장 가까운 행사였고, 그 죽음을 지역사회가 함께 애도하는 것은 특별한 일이 아니었다. 자신 이외의 사람의 '삶'과 '죽음'을 좀 더 가까운 거리에서 느꼈다.

근래의 일본인은 많은 수가 병원에서 사망한다. 병원은 수준 높은 의료 혜택을 받을 수 있는 장소지만, 한편으로 세상과 격리된 공간이기도 하다. 그래서 우리가 인간의 탄생, 노화, 그리고 죽음을 실제로 체험할 기회는 아주 한정되어버렸다.

표현은 적절하지 못할지 모르겠지만, 인간은 죽음을 향해 갈 때 어떤 의미로는 "더러워져" 간다. 거동을 못 해 씻지도 못하고, 가래도 끓고, 분뇨도 줄줄 샌다. '죽어간다'는 것은 그런 것이다.

현대인은 이런 "보고 싶지 않은 현실"에 과도하게 거리를 두려 한다는 생각을 지울 수 없다. 이런 일종의 병적인 청결성이 사회에 도움이 안 되는 사람, 관련되면 자신에게 손해를 끼칠 것 같은 사람을 배제하려는 상황을 만드는 것은 아닐까. 그래서 사회적 약자가 점점 더 고립되어간다는 생각이 자꾸 든다.

나는 직업상 '죽음'을 통해 세상을 보는 부분이 있다. 나에게 '삶'은 당연하지 않다. 오히려 매일 대면하는 부검대 위의 죽음이 나의 일상이다.

자살을 제외하고 인간은 죽는 방법을 고를 수 없다. 누구라도 바람에 날려온 우산에 찔려 절명하는 것은 싫다. 하지만 그렇다고 자신의 힘으로 죽음을 피할 수는 없다.

아무리 열심히 성실히 살아도 암에 걸리기도 하고, 일면식도 없는 사람이 휘두른 칼에 느닷없이 찔리기도 한다. "선택할 수 없다"는 의미로만 말하자면 역시 죽음은 만인에게 평등할지도 모른다.

나의 생사관은 단순하다. 참배하면 긴 투병생활 없이 어느 날 홀연히 평화로운 죽음을 맞게 된다는 호평을 받는 절을 찾아가거나, 엔딩노트를 만들어 사후에 가족과 지인들에게 전하고 싶은 말을 적어두는, 그런 일은 하고 싶지 않다.

나는 "죽음을 의식하지 않고" 생을 마치고 싶다. 오히려 마지막까지 전력을 다해 살아갈 것만을 생각하고 싶다. '삶'에 집착하고 싶지는 않지만, 나에게는 오늘 바로 앞에 있는 현실을 열심히 살아가는 쪽이 중요하다.

죽음이 있으니 삶이 있다

최근 일본 호흡기학회에서 고령자의 폐렴 치료에 대해 본인 또는 가족의 희망을 듣는 시도를 시작했다. 병상에서 일어나지 못하는 상태가 길어지면 기도에 타액이 고여 폐렴이 반복된다. 환자 본인에게는 상당히 괴로운 일이다. 이때 치료해도 회복이 곤란한 경우, 호흡기를 달아서까지 연명 치료를 할지에 대한 결정을 당사자의 의사에 따르겠다는 것이다.

의사는 아무래도 '환자의 죽음=자신의 패배'라고 생각하기 쉽다. 그래서 마지막까지 할 수 있는 모든 처치를 시도한다. 하지만 환자 본인이 그것을 정말 원하는지, 거기까지 해야 하는지에 대한 논의가 조금씩 시작되고 있다.

나는 이전에 텔레비전 방송을 통해 기독교 계열 병원에서 죽음이 임박한 환자에 대한 의사들의 대응을 본 적이 있다. 그 병원에서는 기독교의 가르침에 따라 환자를 지켜보거나 함께 기도하면서 남은 시간을 조용히 지내게 해주고 있었다. 나는 기독교 신자는 아니지만 저항할 수 없는 '죽음'과 마주한다는 것은 본래 이런 것 같다는 생각이 들었다.

다만 '죽음'은 본인만이 아니라 남겨진 가족의 문제이기도 하다.

나는 보통 실려온 시신의 가족과 직접 만날 기회가 거의 없다. 사법 부검은 미리 조사한 다른 정보도 전부 포괄하고 있어서 유족과 면회는 어렵다. 하지만 승낙 부검에 한해서는 부검해도 사인을 알 수 없었을 때 우리 법의학자가 가족에게 직접 설명하기도 한다.

경찰에서 "사인을 조사하기 위해 부검을 합시다"라는 소리를 듣고 부검을 승낙했는데 부검 후 '사인 불상'이라고 적힌 부검감정서만 받게 되면 유족이 좀처럼 이해하지 못하는 것은 당연하다. 그러나 사인은 찾아내지 못해도 부검으로 알게 되는 사실은 있다. 예를 들어, 머릿속에서 출혈이 일어난 것도 아니고, 무엇인가 목에 걸려 질식한 것도 아니라는 사실을 알게 될 수도 있다. 의구심이 들던 가능성을 하나씩 지워가는 것도 때로는 유족에게 "구원"이 된다.

특히 영유아나 어린이가 사망하면 '내 부주의로 이렇게 된 것이 아닐까'라며 부모는 자신을 책망한다. 하지만 실제로는 부모가 지키고 있었더라도 피할 수 없던 사례가 압도적으로 많다.

"그때 응급처치를 했더라면 살았을까요?"

"병원으로 빨리 달려갔다면 살았겠죠?"

"죽을 때 얼마나 괴로웠을까요……."

이런 질문들이 쏟아진다.

"당신 탓이 아닙니다. 아이는 급사했기 때문에 괴롭지는 않았을 겁니다."

"기관지 속에 모유는 없었습니다. 모유를 잘못 먹여 질식한 것이 아닙니다."

나는 이렇게 사실을 알려주면서, 이것으로 그들의 무거운 짐이 조금이라도 가벼워지면 좋겠다는 생각을 한다.

당시에 생후 8개월이었던 아이의 부검을 담당한 적이 있다. 솔직하게 말하자면 부검은 했지만 확실한 사인은 알 수 없었다.

나는 부검 후 모친에게 직접 설명을 했다. 원인을 찾지 못했기 때문에 모친은 울면서 "어째서인가요?"라는 말만 반복할 뿐이었다. 부검해도 모르는 경우도 있다. 나는 그 마음을 살펴 "앞으로도 무엇이라도 질문이 있으면 연락 주세요"라고 모친에게 연락처를 줬다.

그 후 3년 정도 지났다. 그녀는 신문에서 비슷한 신생아 사망 사례를 발견할 때마다 '우리 아이도 같은 원인이 아니었을까요?'라는 내용의 편지를 보내왔다. 죽음에 이르는 원인이 확실하지 못해서 모친은 아이의 죽음을 받아들이지 못하는 것 같다.

'죽음'이 있어서 '삶'이 있다.

부검을 통해 만난 죽음이 나를 이렇게 느끼게 했다. 그리고 나는 앞으로도 부검대 위의 시신과 마주하면서, 산다는 것 그리고 죽는다는 것에 대한 의미를 찾아가려 한다.

격차 속 죽음

최근 '격차'라는 단어를 자주 듣는다.

얼마 전에도 TV에서 '건강 격차'를 주제로 토론 방송을 했다. 현재의 직업과 수입은 우리의 일상적인 건강 상태와 받을 수 있는 의료의 질 등과 직결되며, 현실의 격차는 바로 그곳에서 발생한다고 한다. 일례로 비정규직 근로자는 정규직 근로자보다 당뇨합병증 발병 위험이 1.5배나 높다.

이 책도 제목 그대로 '격차'라는 단어를 키워드로 놓았다. '빈곤,

고독, 노화'와 같이 사회적 "약자"로 취급되는 사람들의 실제 부검 사례를 예로 들면서 개인의 생각을 함께 엮어봤다.

처음 책 출판에 대한 제안을 들었을 때, 나는 솔직히 '격차'라는 단어가 당혹스러웠다. 지금까지 20년 이상 법의학에 몸담고 있으면서 부검한 사람에게 격차를 느껴본 적이 없었기 때문이다.

하지만 제안을 받고 과거 부검 사례를 되돌아보니 내가 지금까지 부검해온 사람들이 대체로 약자의 위치였다는 사실을 깨달았다.

우리 법의학 교실에서 부검한 전체 주검의 약 50%가 독거자이며, 약 20%가 생활보호 수급자, 약 10% 조금 안 되는 사람이 자살자이다. 그리고 대략 30%가 정신질환자인데, 치매 환자만 전체의 5% 이상을 점한다.

더구나 신원 미상의 주검은 전체의 약 10%였다.

이 숫자를 보는 것만으로도 '변사체'가 되는 죽음 자체가 일본 사회의 음지에 속해 있다는 것은 명백하다. 나는 매일같이 "사인을 밝힌다"는 사명에 집중해 일하다 보니 그들이 놓인 사회적 상황에 대해 둔감해졌는지도 모른다. 부검을 받아야 하는 변사체와 격차는 늘 가까운 곳에 있었는데 말이다.

나는 원래 처음부터 법의학을 목표로 하지는 않았다. 학생 때부터 연구에 흥미가 있어서 시코쿠 지방에 있는 가가와의과대학을 졸업한 후 그대로 같은 학교 대학원에 진학해서 기초의학 연구실에 들어갔다. 대학의 기초의학 교실에서는 일반 병원처럼 환자를 진찰하진 않는다. 병의 원인에 관한 연구를 한다. 나는 대학원에서 박사 학위를 받은 후 연구원 자격으로 미국으로 유학을 갔다. 당시는 어디까지나 연구원이 될 계획이어서 오로지 학문의 길에 매진했다.

그런데 귀국 후 내 운명은 크게 달라졌다.

졸업한 대학의 은사에게 고향 근처의 의과대학 해부학 교수를 소개받았다. 인사를 하러 찾아가니 그 교수는 "법의학 교실이라면 사람이 필요한데"라며 그 자리에서 내선으로 전화를 걸었다. 전화를 받고 온 사람은 나중에 나의 "스승"이 된 법의학 교실의 S교수였다.

"이 친구가 취직자리를 찾는다고 하는데, 어떤가?"

갑작스러운 제안에 깜짝 놀란 S교수의 표정은 지금도 선명히 기억난다. 놀라는 것은 지극히 당연하다. 갑자기 "자, 이 친구 어떤가?"라는 질문에 누가 바로 답할 수 있을까.

곤혹스러웠던 것은 나도 마찬가지였다. 물론 대학에 '법의학'이라는 강좌가 있다는 것은 알고 있었지만, 설마 내가 그 길을 걷게 될 줄은 전혀 상상도 못 했다.

그로부터 20년이 지났다.

지금은 법의학의 길을 걸어오길 잘했다고 생각한다.

효고의과대학이 있는 니시노미야에서 추진해서, 우리는 몇 년 전부터 시내에 있는 여러 대학의 학생들에게 법의학 강의를 하고 있다. 주로 문과계 학생으로 의학 지식은 거의 없다. 그럼에도 법의학 현장의 실제 체험을 바탕으로 강의를 시작하면 졸린 눈을 하던 학생도 얼굴을 들고 열심히 이야기를 들어준다. 나로서는 당연한 이야기뿐이지만 그들의 반응은 실로 신선하다.

'세상에는 법의학이라는 분야, 누구에게나 찾아오는 죽음이라는 분야에 대해 막연하게나마 흥미를 품고 있는 사람이 생각보다 많을지도 모르겠다. 내가 부검대를 통해 느꼈던 문제의식을 다른 사람에게도 전할 수 있지 않을까.'

출판 제안을 듣게 된 것은 마침 이런 생각을 시작했을 때였다.

이 책에서는 일관되게 '죽음'을 통해 '삶'을 다루려고 했다. 누구도 피할 수 없는 '죽음'의 중요한 일면을 보게 된 독자들은 어떤 느낌을 받았을까. 이 책을 계기로, 죽음의 격차가 만연한 이 사회가 조금이라도 나아질 방도에 대해 생각하는 계기가 되었다면 그 무엇보다 기쁠 것이다.

부검 현장에서 지금까지 불행한 죽음을 봐왔다. 죽음의 방법은 누구라도 선택할 수 없다. 그러니 더욱 '죽음'보다는 '삶'에 집중해서 현재를 최대한 열심히 살면 좋겠다고 생각한다.

마지막으로 이 책을 출판하기까지 집필 경험이 없는 나를 상대로 모든 노력을 아낌없이 쏟아부은 담당 편집자와 출판사 관계자 모두에게 감사의 마음을 전한다.

2017년 2월

효고의과대학 법의학 교실 주임 교수

니시오 하지메